# 民主式經濟的誕生

## 終結經濟榨取，解構勞資框架，創造繁榮永續的共好新生活

# THE MAKING OF A DEMOCRATIC ECONOMY

Building Prosperity for the Many, Not Just the Few

by

**Marjorie Kelly**
**Ted Howard**

瑪喬麗．凱莉、泰德．霍華德——著　楊理然——譯

# 各界好評

凱莉和霍華德讓我們發現，民主原則和經濟活力並不總是相互矛盾。為了地球與其公民的健康未來，我們需要創造新的所有權體制，讓新體制帶領我們建立更永續、更有生產力的經濟體系，從而讓現有的市場經濟民主化。這本強而有力的書照亮了許多人正在尋找的道路。

——丹・沃爾夫（Dan Wolf），海角航空（Cape Air）執行長；前麻州參議員在《蘿拉．法蘭德斯秀》這個節目中，我們的原則是「讓認為事情做不到的人退居幕後，把舞台交給正在做事的人」。霍華德和凱莉在本書中，為我們帶來了全美各地的報導，讓我們知道許多人正在推動權力的轉移和經濟民主化。這項重要的調查報導，是由兩位不斷促進經濟民主化的重要人士寫成。他們不僅描繪了馬賽克般的多樣經濟實驗，也描繪了一個淺顯易懂的新體系。到底我們是否能改變現有文化，讓這個社會珍惜人民勝過資本？不容易，但可以做到。我們需要深入思考和立即行動。幸運的是，這本書兩者兼備。

——蘿拉．法蘭德斯（Laura Flanders），《蘿拉．法蘭德斯秀》主持人兼執行製片

瑪喬麗．凱莉和泰德．霍華德提醒我們，面對一個不公平和無法持續的體系，我們不能只有對抗一途。我們還必須提出一個新體系的願景和建設的計畫。他們兩人在本書中所講的故事，讓正在創造下一代經濟體制的人更有信心完成這份艱難的工作。

——凱特．泰勒（Kat Taylor），福利國家銀行（Benefit State Bank）共同創辦人兼執行長

這是一本重要的書。它的出現源自於人們日益了解到這個社會需要系統性的改革。本書讓我們知道「民主」是創造未來繁榮和經濟繁榮的核心價值，也為此提供了未來的路線圖。我們都需要深入思考本書提供的許多實例和經驗，而後一起創造整個體系的改革。但改革到底如何發生？《民主式經濟的誕生》這本書將提供寶貴的指南。

——桑卓拉・沃多克（Sandra Waddock），加利根戰略主席（Galligan Chair of Strategy），波士頓學院（Boston College）管理學教授

這本書提供了一條實際的道路給想要徹底改變體制的人。世界各地都正在仿效類似本書提到的新型經濟模式。本書中的許多想法都發人深省，譬如讓聯邦準備理事會像紓困大銀行一樣紓困地球。如果你正在尋找一種思想上的開闊視野、尋找能夠在你所在城鎮實行的新型經濟模式，本書就是為你而寫。

——凱文・瓊斯（Kevin Jones），社會資本市場和變革系列組織（Social Capital Markets and The Transform Series）共同創辦人

作為勞工和社群所有權的擁護者，凱莉和霍華德提醒我們，對於政治民主和人類命運來說，經濟民主至關重要。

——大衛・科頓（David Korten），《當企業統治世界》（*When Corporations Rule the World*）、《改變故事，改變未來》（*Change the Story, Change the Future*）作者

作為像我這樣一位影響力投資者和社會運動人士，瑪喬麗・凱莉對我來說有巨大的影響。而在本書中，她給了我們另一顆寶石，讓我們發現民主不僅在我們的政治體制中很重要，在我們的經濟體制中也是如此。

——摩根・賽門（Morgan Simon），康得集團（Candide Group）的創業合夥人，《真實影響力》（Real Impact）一書的作者

在華盛頓，甚至華爾街，許多人都在呼籲建立一個適合所有人的新型經濟體制，但是這樣的變化該如何進行？瑪喬麗和泰德在此提供了指南。他們分享故事，描述另一種型態的企業。在這樣的企業中，公司把廣泛人民的福祉當作

成功的核心價值。這些以社區為重的企業不僅充滿希望，而且能夠讓大家仿效。它們啟發了我們對新經濟的想像，讓我們對民主的理想感到光榮。

——朱迪思・薩繆爾森（Judith Samuelson），阿斯彭機構（The Aspen Institute）商業與社會部門執行董事

瑪喬麗・凱莉和泰德・霍華德為我們提供了通往經濟民主的路線圖。但他們不僅展示了像是大公路和大地標的故事，他們更說明了關於小路和小城鎮的故事，而那些小地方才是改變會真正誕生之處。越來越多人意識到我們必須改寫資本主義的規則，在這樣的時刻，凱莉和霍華德分享的故事和策略，將指引我們如何前進。

——麗諾爾・帕拉迪諾（Lenore Palladino），麻州大學阿默斯特分校經濟學和公共政策助理教授；前「Demos 智庫」政策和競選部門副總；前 MoveOn.org 運動部門主管

目錄

推薦序

# 榨取式經濟的根源，以及解方

吳啓禎
經濟民主連合經濟組召集人
英國倫敦大學經濟學博士

構築現代經濟社會與物質文明的遊戲規則——追求無止盡的經濟成長與個人財富積累——已經將人類推向自我毀滅的邊緣，而且是雙重世界的毀滅：一是社會內部凝聚力量的崩解，主因是財富與所得分配嚴重不均，一%的富人占有極大比例的資源，而愈來愈多人，尤其是年輕世代，卻連堪稱溫飽、更遑論穩定的工作都很難獲得。

另一種毀滅則是人類賴以生存的自然生態系統，例如溫室氣體所造成的地球暖化速度，已經來到除非全球經濟型態在短期內達到深度減碳目標，否則生態浩劫在所難免，屆時規模難以想像的氣候難民死傷與遷徙，可能包含你我，以及未來世代。

何以至此？人類號稱是地球無數生靈中最有智慧的動物，在生物學分類上自我冠上 homo sapiens（拉丁文，英文意思為 wise man）的標籤，有能力發展出各種超乎想像的科技文明，在地球上成功繁衍龐大族群、創造巨大財富，但同時卻將人類社會與複雜精細的地球生態系帶往瀕臨毀滅的境地？這個反智結果，到底是如何形成的？

答案的一大部分，在於當「經濟人」（homo oeconomicus）的概念，透過主流社會的遊戲規則設定，成為人類自我定義的屬性、生命意義的追尋目標，乃至整體社會運作機制的核心；從那一刻鐘開始，自我毀滅的時鐘開始進入倒數。

……我們每天有得吃喝，並非由於肉商、酒商或麵包商的仁心善行，而是由於他們關心自己的利益——我們訴諸他們自利的心態而非人道精神——每個人都會不斷催促自己，努力為他所能支配的資本找到最有利的用途——他所關心的，沒錯，是他自己的利益，而非整體社會的利益——但研究他自己的利益所在，自然而然或者不如說是必然，會引導他為自己的資本挑選最有利於社會整體的用途……

既然每一個人都努力盡可能將他的資本……產出盡可能有最大價值……為的只是想盡可能增加他自己的利益；結果，……他宛如被一隻看不見的手引導，增進了一個在其意圖之外的目的……經由追求他自己的利益，他往往會比他真想增進社會利益時更有效地增進社會利益……

在西元一七七六年出版的《國富論》一書寫下上述文字的蘇格蘭學者亞當・斯密（Adam Smith），由於此等「真知灼見」為當時英國崛起中的工業資本階級之自利與牟利行為提供了倫理道德基礎，同時也奠立了自由放任

（laissez-faire）的市場經濟政策的優越性，因而占擁現代經濟學之父的神壇地位。其所揭櫫的「經濟人」屬性，只要專心追求自利，便能對社會做出比利他主義者更大的貢獻。此一思想系譜，傳承到十九世紀經過英國功利主義思想家的演繹，為「理性」更進一步賦予了追求效益／利益極大化原則的定義。

以追求自利與利益極大化的「經濟人」，之所以能夠成為英美世界具有主導性地位的倫理道德基礎，還有一個更深層的文化信仰因素，那就是從十七世紀中葉開始流行於該地區的基督新教喀爾文教派。該教派有個獨特主張，那就是「上帝預定論」（predestination），認為上帝已經事先挑選哪些人死後上天堂得永生，其他非選民則注定下地獄。雖然這是一件死後才能驗證（所以根本無從驗證起）的主張，但是被預先選中的幸運兒既然蒙主恩寵，生前也定然享有傲人的世俗成就，方能彰顯上帝、互為輝映。同樣的邏輯形成對貧窮者的歧視，認為貧窮本身是罪惡，是懶惰的化身，貧窮說明了自己是上帝的棄兒。

喀爾文教派這項獨特的信仰主張，為「經濟人」（以及貧富社會階級）論點鋪設了價值的溫床。此一「宗教性」基礎，加上亞當斯密所賦予的完美「社會性」（利我主義者比利他主義者對社會更有貢獻），等於是為「經濟人」打造了一雙暢行無阻的雙腳，成為英美哲學與公共政策的重要基底。

在自由放任的市場環境下，個人／企業追求自身利益極大化，造就了野蠻資本主義，也就是本書所說的「榨取式經濟」型態，其所產生的危害，二〇〇八年全球金融海嘯是一個明顯的事例，但是真正可怕的地方，在於它無所不在，在於它已經成為我們（台灣人哪）的文化基因與價值信仰，在於它把社會徹底地「原子化」（見諸柴契爾夫人的名言：「他們把問題歸諸給社會，但是，你知道的，沒有社會這種東西，只有個別的男男女女，以及他們的家庭。……」），人的社群感與生命共同體於焉消失，取而代之的是極端的個人英雄主義。

在商業領域，極端的個人英雄主義表現在老闆與高階管理階層的獨大與獨裁。然而我們崇拜富人與金錢，不僅僅是因為認同的投射，還有迫切的現實需要。圍繞著「經濟人」概念所形成的國家公共政策，基本上是藉由人們對於貧窮的恐懼在鞭策工作動力，殘補式的社會政策讓人唯有落入貧窮線以下才得以領取微薄福利金。雖說教育是階級翻身的機會，但是教育商品化的結果，通常帶來的是階級固化與債務陷阱。

本書作者的分析充滿洞見，直指這一切不幸的根源：「資本偏見的核心根植於人類的心中，也根植於一直以來人類對於虛榮與地位的追求。」沒錯，在一個強調階級地位高低差別的社會當中，古今中外的差異只有劃分階級的標準不同而已，從血統、戰功、考取功名學位、土地、金銀貨幣等等一路演變，總是要透過這些準尺來判別人與人之間的價值高低與社會地位。榨取式經濟「這種價值體系透過有利於富人的制度和政策來體現。最後，價值觀和制度結合在一起，於是在資本家和其他普通人之間形成了資源、權力和特權的不平等分配。」

所幸的是，以美國為首的英語系國家在當代的影響力固然巨大，但是地表上還有其他地區擁抱著不同的價值觀與相應的國家制度，崇尚平等與自由的北歐就是一個重要典範。北歐式的自由主義強調唯有國家強力介入方能保障所有人享有發展機會的自由（否則自由只是富人的特權），因此在二戰後打造了民主式經濟，建構了完整的福利國家。北歐這套通稱為社會民主的體制，在歷經全球化時代至今，以整體國民的強大創新力作為國家競爭力的基礎，解決了一般國家經濟發展經常面臨的兩難困境：公平VS效率，綠色生態VS經濟成長，與產業規模過小不利國際競爭與研發。北歐的發展成就，已經受到國際學界與媒體的肯定，當今美國國內一些重視公平正義與永續發展的政治人物也掀起一股北歐學熱潮。

我們不知道動見觀瞻的美國政權何時向左轉（希冀屆時可以牽動執拗的台灣右派政治），但是這本書的作者們，已經和案例中的所有人與相關單位一起協力，在草根基層實踐著民主式經濟。誠如作者所言，對這股力量來說，美國脈絡無異於一片荒漠，大環境非常不利。但是，人類自我毀滅的倒數時間所剩無幾，我們必須盡最大能力盡快地終止榨取式經濟繼續蔓延。

我衷心推薦這本書！透過這本書的知識與經驗學習，可以幫助我們更了解自己命運的前世今生，了解潛藏在我們個人行為、社會價值文化乃至國家公共政策深處的影武者，進而開啟知識——行動的正向循環，打造社群共同體，建立自己的認同與歸屬。

# 推薦序

娜歐蜜・克萊恩（Naomi Klein）
加拿大社會運動家，電影製片。著有：
《不能光說NO》（No Is Not Enough）
《天翻地覆》（This Changes Everything）
《震撼主義》（The Shock Doctrine）和《NO LOGO》

在危機時刻，當體制不再正常運作時，我們對這個世界的理解就會出現裂痕。我們開始變得毫無頭緒，無法理解世界是如何運作，同時也無法理解我們究竟處於什麼位置。通常這些裂痕不會持續太久，因為恐懼將填補裂痕、分化我們，最後讓我們彼此對立。除非，我們先用希望填補裂痕。

「希望」這樣的東西，讓我們在危機時刻不僅僅能說「不」。別誤解我的意思，勇敢說「不」，例如對全球各地崛起的寡頭主義和威權主義說「不」、對邊境上的牢籠說「不」、對不斷加劇的氣候危機說「不」，這些都是道德上的當務之急。但是「希望」，尤其是建立在有遠見和謀略之上的可靠希望，是將反對運動轉變為改革運動的關鍵。我們要知道我們支持什麼，同時也要知道我們反對什麼。我們要用清晰而強大的願景來照亮前方的道路，這就是希望。而透過共同構築的夢想，我們能照亮未來。

如果我們想讓希望持續，那麼就需要一個堅實的基礎。所以如果只是去憑空想像另一個世界的可能性的話，並不會讓我們滿意；我們還要能夠描繪那個世界、感受它、品嘗它，或是在社會實驗的縮影裡真正體會它。誠如，瑪喬麗・凱莉（Marjorie Kelly）和泰德・霍華德（Ted Howard）在本書中，給了我們具體的故事以及真實世界中的模型，讓我們真切地相信一個有希望的新世界。

本書描述了許多具體的故事，主題包含：員工所有權公司、合乎道德的金融投資、強調平等包容的經濟政策、在經濟危機前線重建社區財富等等。所有這些故事都在向我們證明，一個新的、不一樣的經濟體系，不僅僅是理論上可行，也不僅僅是一個遙遠的烏托邦。相反地，它是在現實世界中已經出現的東西。雖然可以肯定的說，從當前這個榨取人民、殘酷無情、無法永續的經濟體系，要改變成以社群、民主和正義為基礎的經濟體系，這個過程仍然是漫漫長路，沒有捷徑可走。但本書的故事讓我們知道，路是人走出來的，我們將會一起走出孤立和絕望，邁出希望的第一步。

透過凱莉和霍華德講述的故事，我們在一些現存體制中的弱勢族群身上看到了卓越的領導能力。例如新一代拉科塔奧格拉拉族（Oglala Lakota）的年輕領導人，他們在松樹嶺保留區（Pine Ridge Reservation）擺脫了貧困，建立了一個引人注目的「再生社區」。在新的體系中，那些最容易受到殘酷待遇、最容易被排斥的人也可以成為領導者，但這並不代表我們應該完全放生其他人。「改變一切」意味著每個人都有自己的角色。所以凱莉和霍華德的故事內容包含的不僅僅是社會運動人士和草根領導者，也包含了那些乍看之下不太可能像是民主式經濟同伴的人。於是，擺脫企業資本主義的種子灑落在各地。例如醫院的採購部門、退休基金管理人，甚至還有一些公司的董事會。要知道的是，基進革命分子（radicals）並沒有偷偷潛入和顛覆這些機構，而是圍繞著我們的體系已然失敗，讓曾經基進（radical）的想法變得越來越像常識一般，也因此讓一些當權者決定把資源從舊體系開始移轉到新體系。

南美的革命家們常說：革命來自於下層「螞蟻的工作」。這種描述對那些社區重建者來說再適合不過了。他們在檯面下默默工作，沒有中央集權，只有互相協調，一起挖掘著通往目標的地下隧道。

同時，凱莉和霍華德用謙卑的方式面對這一切。畢竟，「螞蟻的工作」是由人類完成的，而不是透過先知或超級英雄。他們在寫作過程中也承認自己的失敗和錯誤，這給了我們接受自己失敗的空間。失敗在這樣的改革過程中很重要，因為民主式經濟是一項正在進行的工程，所以它必須建立在實驗的基礎上。而我們能從實驗中學習到哪些方式會取得巨大成功，哪些則否。凱莉和霍華德要告訴我們的是，在那些民主實驗室的實驗中，民眾在地方上努力發明和測試各種替代方案，為新體系奠定基礎。透過實驗，一種成功的新經濟體系將逐漸浮現。而只要政府準備好了，我們就能把那些方案規模化。這種情況以前也發生過，美國的新政（New Deal）就是這樣建立起來的。同樣地，加拿大的公共健康保險也是這樣形成的。無論如何，某種巨大的力量正在興起，但我們需要為長期建設做好準備，為一輩子的參與做好準備。

凱莉和霍華德的書名，讓人想起偉大的英國歷史學家愛德華・湯普森（E.P.Thompson）的著作。湯普森在《英國勞動階級的形成》（*Making of the English Working Class*）一書中強調，勞動階級並不是憑空誕生，更不是被歷史塑造出來的。甚至在一開始，這個詞也不是指涉一種明確的社會文化身分。相反地，湯普森認為英國勞動階級是「自己創造了自己」。透過自己的行動、自己的反抗和自己對更美好世界的夢想，他們達成了自己的目標。同樣地，民主式經濟也是由我們人民自主創造。民主式經濟並不是一種抽象遙遠的可能性，只能在遠方的地平線上若隱若現。當然，它也不是自動就會發生的事；它是我們現在就需要開始共同創造的東西。

但我們得快一點。很多人已經沒有耐心和時間了，這也是為什麼社會上出現越來越多鬥爭。現在才開始修復奴隸制度和殖民主義造成的破壞，或是才開始採取行動防止氣候變遷帶來的災難，其實已經有點晚了。正如同凱莉和霍華德所提到的，為了在面臨危機時創造我們想要的世界，緩慢的實驗是不夠的。相反地，我們需要準備好邁出一大步、提供更多喘息的空間，如此新世界才有到來的可能。例如，在上一次的金融危機中，我們的政府憑空變出數千億美元來拯救金融業。但為什麼我們不能利用這種力量從根本上來解決氣候危機？我們為什麼不買下所有的化石燃料企業，然後逐步減少它們的產量？還有，為什麼我們不優先照顧氣候變遷影響最劇烈的地區？

如果說有一件事是肯定的，那就是更多的危機即將到來。我們知道：許多想修復舊體制的人們，自詡為改革者，其實正在計畫利用這些危機占取更多的便宜。例如藉著危機準備更多的鎮壓、更多的榨取、更多的撙節，也讓我們一步步變得更像生活在弗林特（Flint）[*1]、波多黎各[*2]或巴西[*3]。為了對抗這些陰謀，我們需要計畫和模型。如果今天我們能創造更多民主式經濟的模型，我們就越能準備好抓住歷史的巨輪，轉向下一個新體制。因為如此，本書來得正是時候。

---

*1　弗林特是美國密西根州的一個城市。因為財政問題和樽節開支，二〇一四年弗林特市政府決定改以弗林特河為飲用水源，但新建的水管卻釀成嚴重的市民鉛中毒災害。至今汙染仍未完全解決。

*2 娜歐蜜・克萊恩在《為天堂而戰》一書中，討論了二〇一七年颶風瑪麗亞帶給波多黎各的風災和後續各式政府和社會問題。她尤其批判資本主義和殖民主義在風災後所導致的不平等現象和人道主義危機。

*3 因為政府體制長久失能、私人財閥掌權的緣故，巴西面臨著各式各樣的環保、經濟、政局動盪與社會治安等問題。例如在二〇一五年因為人為疏失，巴西發生了嚴重的鐵礦廢水潰壩事件。娜歐蜜・克萊恩曾猛烈批評巴西的環保和社會相關問題。

# 前言

散布各地的民主式經濟實驗之間往往沒有連結，實驗者也不知道彼此。但是在這些實驗中，一群默默無聞的領導人，正在為我們許多人渴望但又幾乎無法想像的生活打下基礎，那就是一個可能讓所有人都過上美好生活的經濟模式。他們正在為一個民有、民治、民享的經濟體制鋪路，而這個體制甚至可以推廣到全球各地。本書中，透過訪問這些社會實驗的領導人，我們提出了新體制的基本原則。而在探索的過程中，一個有條有理的新典範也開始成形，人們也因此知道如何打造新的經濟體制。這個新體制能讓我們超越企業資本主義和國家社會主義的二元對立，讓我們進入全新的世界。

新體制的基本道德原則，包括了社群原則和永續性原則。就像北美原住民一直以來所知道的那樣，這兩項原則其實是一體兩面。其他基本原則還包括：勞動先於資本、資產大眾持有、投資大眾和在地、包容受到排斥的少數族群、讓利潤成為附帶結果而非主要目標、重新打造重視平等和永續的新一代企業，並讓所有權從原始的「最大化利潤」觀念，演化成進步的「永續管理」觀念。

這種新興的民主式經濟與當今的榨取式經濟形成了鮮明的對比。榨取式經濟是由菁英階層打造的體制，為的是讓他們的財務利潤最大化。榨取式經濟是一個由百分之一的人擁有、百分之一的人治理、百分之一的人享用的經濟體制。很早以前，我們的社會就讓政府民主化了，但我們卻從來沒有讓經濟民主化。這就是現在我們必須開始的歷史進程。為了打造這個充滿潛力的下一代體制，所有人都應該起身參與其中。

這本書是寫給所有關心地球以及人類文明未來命運的人。對社會運動人士來說，這本書將極具價值；對那些發現維持現狀不可行的兩黨人士來說也同等重要。此外，對許多基金會的領導高層、非營利醫院系統、大專院校、政府、非營利經濟發展、影響力投資、有進步價值的公司、員工所有權公司、工會、市長和其他公民領袖來說，這本書都會非常有用。雖然本書不是一本學術著作，但是政治學家和經濟學家也可能會發現它的價值所在。

這些潛在的讀者將會來自世界各地。本書的故事主要來自美國和英國，也就是資本主義的中心點和誕生地。但本書分享的經驗同時適用於許多其他國家，因為榨取式經濟已經在全球各地盛行，同時民主式經濟也在世界各地相應而起。在本書的每一章中，我們將分別訪問各個民主式經濟正在崛起的地方。讀者可以直接跳到你最感興趣的章節。

我們是本書的兩位共同作者瑪喬麗・凱莉和泰德・霍華德，也都是「民主合作組織」（The Democracy Collaborative）的執行主管。民主合作組織是一個成立十九年的非營利機構，也是一個民主式經濟的研究發展實驗室。我們總共有四十多名主要來自華盛頓特區、俄亥俄州克里夫蘭、比利時布魯塞爾、英國普雷斯頓的工作者和研究人員，以及其他來自世界各地的員工。我們的工作包含理論和實踐面向，總是一起努力醞釀經濟改革的想法。此外，我們的工作會處理整體層面的問題，也會處理地方層面的問題。在我們深入地方時，我們幫助在地社區創造財富，讓這些財富保存在當地並且分享給當地民眾。這樣的經濟發展主要是透過「錨定機構」（anchor institution）的力量來推動，而在經濟發展的同時，我們也建立了在地勞工的資產所有權。我們希望透過理論研究和政策制訂，讓現存的經濟制度在環境保護、金融財務和資產所有權等方面，能有大規模的變化。

近年來，隨著合作需求的增加，我們的員工增加到了三倍之多。之所以出現這種成長，是因為人們越來越渴望改變。此外，也是因為有一群遠見卓識的投資者分享了這種渴望。現在的我們，已經忙碌到無法滿足每一個前來尋求合作的社區、組織或政治領導人。這也是我們寫了這本書的主要原因：我們想把學到的東西開放給大家使用。

這本書是我們兩個人合寫的，所以你會看到我們用第三人稱「瑪喬麗」和「泰德」來互稱。瑪喬麗・凱莉是民主合作組織的執行副會長，也是本書的主要作者。她是《商業道德》（*Business Ethics*）雜誌的共同創辦人，曾擔任該雜誌負責人兼記者的角色。在本書中，她會帶入商業進步價值與投資的相關經驗，那是她在辦雜誌時所接觸到的。她寫過兩本相關書籍，也從事公司設計和規劃，其中主要客戶是以社會公益和擴大所有權為目標的公司。另一位作者泰德．霍華德是民主合作組織的共同創辦人和會長。他曾幫助克里夫蘭基金會（Cleveland Foundation）的運作，並幫助建立了員工持有的長青合作社（Evergreen Cooperatives）。他經常和各種錨定機構（例如非營利醫院系統和大專院校）合作，近期也越來越常與美國和歐洲的政治領導人合作。

我們是腳踏實地的基進分子（radicals），而此書的目的在於幫助讀者理解一個正在成形的新型經濟體系。在訪問時，我們認識了各種不同的經濟模式、不同的經濟方法和意識形態，也就是在其中我們看到一個正在成形、有條有理的新體系典範。我們希望讀者能理解這條潛在的進步道路，並且學習如何加入我們的行列。

緒論

# 從克里夫蘭到普雷斯頓

## 經濟轉型的新典範

「除非能建立經濟上的民主，否則不會有真正政治上的民主。」

——西奧多・羅斯福（Theodore Roosevelt）

「遠見失矣，人之將死。」

——聖經 箴言（Proverbs）29:18 ＊4

讓我們想像一下：一位老闆準備好要在新的經濟模式裡，幹場大事、從中獲益。這個人是創新的代表，他有能力改變既有經濟模式。讓我們再勾勒一下這位老闆的模樣：一位美國黑人、四十出頭、曾是個毒販、坐過牢、現在在洗衣店工作。

他的名字是克里斯・布朗（Chris Brown）。二十多年前，他在克里夫蘭的格倫維爾社區販賣快克古柯鹼（crack cocaine）。誰都不會認為在那樣的地方，會有新政治經濟模式的種子正在成長。

克里夫蘭是洛克菲勒創建的城市。從前約翰・洛克菲勒（John D. Rockefeller）將「標準石油公司」（Standard Oil）設立在此。在鼎盛時期，設立在克里夫蘭的財富五百強公司數量是全美國第二多（僅次於紐約）。曾經，克里夫蘭的鋼鐵業工人有高度組織的工會，能在全美國領到最高的時薪。隨著這些繁榮而來的是格倫維爾（Glenville）的豪宅、優雅的雕塑花園，還有洛克菲勒

*4 聖經中譯本常譯「沒有異象，民就放肆。」但此處筆者採取聖經英譯本的另一種意譯法。該譯法認為此句強調遠見的重要：如果沒有遠見或長期計畫，人們將會失去目標，渾渾噩噩地走向毀滅。

公園中一片片細心修剪的草坪。

如今，克里夫蘭是被洛克菲勒拋下的城市。白人居民和白人企業開始在一九六〇年代逃離，導致整個城市的人口，從一九五〇年代的顛峰期開始減少了一半以上。

而現今格倫維爾是克里夫蘭最貧窮的社區，有百分之九十五的人口是黑人。在格倫維爾的南方大道上，一座曾經宏偉的三層樓磚房在幾年前售價只有五千美元。

這就是克里斯經歷了三年牢獄生活後回到的社區。他在這裡很難過上好日子，尤其這裡的失業率達到百分之二十四，年收入中位數只有約一萬九千美元。回到一九九三年，那時克里斯讀著大學、有著自己的夢想。但是因為他的女朋友意外懷孕了，他不得不中途輟學。在沒有任何專業技能而且還要養育新生兒的情況下，他開始了販毒這條路。

服完刑期之後，克里斯從事了修屋頂、電話行銷、警衛等工作，全都是低薪沒保障的。[1]然後他在「長青洗衣合作社」（Evergreen Cooperative Laundry）找到了一席之地。

這家洗衣合作社是三間長青合作社之一，其餘兩間是綠色能源合作社「長青能源解方」（Evergreen Energy Solutions）以及城市蔬菜農場合作社「綠色種植者」（Green City Growers），三間合作社加起來總共聘僱了兩百一十二位員工。這些公司的所有權都是員工共同持有，每個員工都有持股和決策權。公司的使命在於聘僱更多像克里斯一樣的員工，以及其他同樣被困於克里夫蘭衰敗社區的居民。公司的顧客包含大型的在地非營利組織，例如「克里夫蘭診所」（Cleveland Clinic）。當其他企業和機構離開克里夫蘭的時候，這些非營利組織留了下來落地生根。這些組織就像下錨一樣穩穩繫住了自身和在地社群，也不會像營利公司一樣隨時想要離開，於是它們又被稱作「**錨定機構**」（anchor institution）。和那些吸取財富、說走就走的公司不同的是，這些錨定機構會向在地企業購買商品和服務，並聘僱、培訓在地居民，讓居民茁壯。因此，這些機構所創造的財富能回流到社區。

在長青洗衣店，克里斯的時薪是十美元加上相關員工福利，這是當時在克里夫蘭能夠生活的薪資水平。不到六個月，他成為廠房主管，也加薪了。最重要的是，克里斯得到了一份公司所有權，讓他能夠一起參與決策過程並享受最終成果。

克里斯的故事處於新創投產業「克里夫蘭模式」（Cleveland Model）的浪尖上，這是一道經濟發展的全新路線。然而，它的意義不僅於此。這樣的新路線擺脫了舊經濟的殘骸，展現了「經濟上的民主」——一個「服務大眾，而非服務少數人」的經濟型態。

## 民有、民治、民享的經濟

「**民主式經濟**」（democratic economy）是一個民有、民治、民享的經濟制度。從制度的基本藍圖來看，民主式經濟的目的，在於滿足我們所有人的基本需求、平衡人類的消費力與地球的再生能力、回應一般大眾的意見和憂慮，並在不分種族、性別、國籍的情況下，一同分享經濟的果實。民主式經濟的核心是「共善」，這和民主政治的創始目標相符。正如同約翰・亞當斯（John Adams）所寫的那樣：「我們必須對公共財和公共利益懷抱積極的情感，這種關於公共的情感必須優先於個人的情感。」[2]

民主式經濟制度在設計社會結構時，會考慮到我們所重視的事物、我們的社群和整體環境的永續性、還有其中最重要的：人與人之間的相互關係和相互依賴。這樣的制度牽涉到生態學家所稱「**共生關係**」（symbiosis）的發展。如同環境保護主義者阿爾多・利奧波德（Aldo Leopold）曾經提到的：「政治和經濟都是高階的共生系統，在這樣的系統之中，合作的體系會取代自由放任的競爭。」[3]

這並不是說民主式經濟是我們的烏托邦，有了它一切問題都能得到解答。它的意義在於，我們可以規劃出日常的經濟發展來服務大眾的福祉，而不是追求那種榨取最大化利潤的經濟發展。

美國革命時誕生的民主制度有著嚴重悲劇般的缺陷，因此一直以來受到許多正義之士的批評。其中最惡名昭彰的缺陷當然是奴隸制度。其他缺陷還包括了剝奪婦女、有色人種以及無產階級的公民基本權利。然而，開國元勛透過革命建立的早期制度不會長久不變，社會經歷了不斷的進展，往後的變化早已超出了當時人們的預期。於是，在這個最初有利於貴族階級的美國社會中，更民主的政治改革出現了，同時也修復了舊制度的缺陷。如同歷史學家戈登・伍德

（Gordon S. Wood）所觀察到的，這種新的民主政治「重視一般大眾對於幸福的追求，將大眾的利益和富足當作主要目標。」[4]

然而，這個新制度只是讓政府民主化了，卻沒有涉及到經濟的民主化。民主式經濟就是在經濟領域之中，去完成民主鬥士過去在政治領域開始的工作。此外，從某種角度看來，雖然人們經常忽略經濟的面向，但民主式經濟事實上也挹注了歷史上許多自由解放革命運動的洪流：從奴隸制度的廢除到婦女選舉權，再到工會的組成以及同性婚姻的權利。《紐約時報》的專欄作家米歇爾・亞歷山大（Michelle Alexander）寫道：「帶領我們到如此之遠的革命之河，應該就是帶領我們前往應許之地的唯一途徑。」[5]

## 民有、民治、民享的經濟——只給百分之一的人民

在制訂美國憲法的時候，由鐵路大亨和資本家等貴族階級策劃的工業革命尚未發生。在憲法文件之中也完全沒有出現「大企業」（corporation）這個詞彙。但到了一八一三年，約翰・亞當斯（John Adams）在寫給湯瑪斯・傑佛遜總統

（Thomas Jefferson）的信中提到：「貴族壟斷的政治，就像水鳥一般：潛水多年，然後帶著明燦的羽翼起飛。」[6]

看看從十九世紀末的「鍍金時代」（Gilded Age）到二十一世紀的「新鍍金時代」（New Gilded Age），我們就知道這樣的情況在美國歷史中是稀鬆平常的事。今天，我們生活在這樣一個世界：二十六位億萬富翁所擁有的財富，和地球上一半人口所擁有的財富一樣多。[7]美國三位最富有的人：比爾・蓋茨（Bill Gates）、傑夫・貝佐斯（Jeff Bezos）和沃倫・巴菲特（Warren Buffett），他們擁有的財富超過了美國收入下層一半人口的財富，這一半人口總共有一點六億人。[8]自二〇〇九年以來，美國百分之九十五的收入增長，都進了前百分之一族群的口袋。[9]同時令人擔憂的是，百分之四十七的美國人在遇到緊急情況時，甚至無法湊出四百美元。換句話說，大多數人沒辦法準備好面對像是爆胎或小孩腳踝扭傷這類小事故。[10]

我們的經濟制度不僅讓我們絕大多數人失望，而且還切實地在摧毀我們的星球。現有的經濟制度之下，人類消耗的自然資源是地球再生能力的一點五倍以上。[11]土壤衰竭已經摧毀了地球上三分之一的可耕地。[12]一九七〇年以來，將近三分之二的脊椎動物已經從地球上消失。我們甚至可以說，地球的第六次生物大滅絕正在發生。[13]這些證據都代表著我們正在徹底摧毀人類文明的唯一家園，但我們仍然深陷於這樣的制度體系之中，而持續摧毀家園只是為了幫上層階級累積財富。

如同經濟學家約瑟夫・斯蒂格利茨（Joseph Stiglitz）所說：「我們的經濟制度是民有、民治、民享的，但只給百分之一的人民。」[14]從本質上來說，這樣的制度有我們所稱的「**資本偏見**」（capital bias）現象：在現有經濟體系中，對金融家和資本家有著無形的偏袒，對非資本家則有偏見。另外，我們也可以把整個如此運作的體系稱為「**榨取式經濟**」（extractive economy），因為這體系的目的只是為了讓金融大亨能夠在全球各地**榨取**最大利益，而且完全不用理會對勞工、環境以及在地社區所造成的傷害。

通常，政府政策會進一步加深「資本偏見」。例如：降低資本利得稅而不是薪資所得稅、讓政府金援大型銀行而不是一般屋主。或者政府會透過減稅，幫助那些導致地方中小企業破產的大型企業。同時，資本偏見也存在於更深層次的基本經濟制度和經濟規範之中，更存在於各種資產所有權制度之中。例如：

僅僅持有股票幾分鐘的市場投機者就能夠享有老闆的權利，但在公司工作數十年的老員工卻沒有這種權利。現有制度讓員工無法在他們所創造的利潤之中分一杯羹。

我們都深陷在這個系統之中，而指責他人並不會帶來改變。但是我們必須知道，今日的世界存在不斷增長的危機，背後的原因就是因為榨取式經濟制度。我們可以從很多地方觀察到這樣的事實：實質薪資不斷減少、有錢人用財富壓制民主、自動化生產逐漸取代人力、經濟成長的無限制索求摧毀了地球的恢復力。

## 在這隻野獸的肚子裡

運用舊方法來控制這樣的經濟體系，就像螳臂擋車。拿最低工資來說，當然我們需要更高的最低工資，但是這是上個世紀的解決方法。當時和現在社會的不同之處在於，過去有更多勞工在單一雇主那裡找到全職工作。如今，美國有百分之四十的工作是來自沒有保障的兼職、約聘或零工經濟。甚至這些工作，也因為全球化外包和自動化生產而正在消失之中。[15]由於經濟體系的自然運作，我們能得到的剩下這些不穩定的工作。在現實情況下，追求利潤通常意味著降低工資。這就是我們經濟體系中的特徵，而不是錯誤。此外，我們並沒有認真面對以下這個事實：企業認為他們有受託人義務（fiduciary duty），所以應該系統性地壓榨勞工、降低勞工收入，並削弱環保法規。因為現行制度中的企業，其存在目的就是為了增加富裕股東和委託人的利潤。

但人們開始面對和處理問題了，他們著眼於建立一個更民主的經濟制度。

參議員伊麗莎白・沃倫（Elizabeth Warren）的《資本主義責任法案》（*Accountable Capitalism Act*）就是一個好例子。她主張所有收入超過十億美元的企業，必須重新向聯邦政府申請新的公司執照，同時負擔更多的社會義務。如果該法案通過的話，一夜之間大企業就會有一個新的目的：除了股東，他們還必須把員工和在地社區的利益也納入考量。根據法案內容規定，員工們也將獲得董事會席位。[16]

同樣基進的是英國工黨的「包容性所有權基金」計劃（inclusive ownership funds）。該計畫法案要求員工人數在兩百五十位以上的公司，每年應將百分之一的所有權移轉到這樣的基金之中，一直到此基金持有每家公司至少百分之十的所有權為止。這些資金將由員工委託專人管理，也讓員工對公司決策投票上有更大的影響力。此外，就像所有股東一樣，員工將定期獲得一小部分公司利潤，也就是股利。[17]

美國國會女議員亞歷山卓・歐加修─寇提茲（Alexandria Ocasio-Cortez）提出了「綠色新政」（Green New Deal）。這項計畫打算要透過大規模公共工程，在十年內讓美國使用百分之百的再生能源，同時創造數萬甚至數百萬個新的就業機會。此外，它也能帶來系統性的政策改變，促進社會的繁榮共享以及社會的永續發展。

我們也必須思考一下大型銀行的問題。在二〇〇八年的金融危機之後，政府紓困了引發危機的大型金融機構，因而允許他們像之前一樣繼續作惡搗蛋。在美國和英國，一項更基進的運動正在展開，許多人開始提倡公有化銀行，例如州政府擁有的北達科他州銀行（Bank of North Dakota）。這個銀行的資產超過七十億美元，當初幫助了北達科他州避免經濟衰退的破壞。此外，深根於社區的銀行也早已遍布德國各地。現在，從倫敦到洛杉磯的社區領袖和民選官員都開始探索類似的想法。加州新任州長加文・紐瑟姆（Gavin Newsome）以及紐澤西州州長、也是前華爾街銀行家菲爾・墨菲（Phil Murphy），都在致力於建立州立公有銀行。[18]

這樣的政策開始進入經濟系統的核心。它們比稅收上的財富重分配方法更好，因為政府的減稅和緊縮政策幾乎已經把後者破壞殆盡了。它們也比國家監管的方法更好，因為如今私有化企業、放鬆管制的法律和解體的政府早已把那種監管拋諸腦後。我們提倡的新政策、新路線並不只是要找回失去的東西如此簡單。我們將說明如何在這隻經濟野獸的肚子中誕生一個全新的經濟體系。我們將宣告，從榨取式經濟邁向民主式經濟的潛在轉變已經開始。

然而，問題在於一般人都沒有真正意識到改變正在發生，甚至連參與其中的人們都沒意識到。員工持有的公司、影響力投資（impact investing）[*5]、公共銀行、經濟發展中的種族正義、錨定機構的在地採購等都在逐漸發展，更多類似的計畫也正在世界各地孤立地進行著。因為加入這些改變運動的民眾，有時甚至不知道運動的內容和本質。

## 太多名字

這並不是說新型的經濟體系還沒有名字。相反的是，它有太多名字：利害關係人資本主義（stakeholder capitalism）、團結經濟（solidarity economy）、新經濟（new economy）、共享經濟（sharing economy）、再生經濟（regenerative economy）、活經濟（living economy）等等。有些人自稱為「影響力投資者」（impact investor），有些人則自稱為「社會使命投資者」（mission investor）。有些人熱情地為勞工合作社工作，而另一些人則支持員工持股計畫（employee stock ownership plans, ESOPs），有時候，這兩組人馬會互相攻擊彼此。

新一代的改革派和有遠見的政治領袖已經接受了「社會主義者」（socialist）的標籤，他們的出現無疑為正向改革帶來爆炸性的發展。然而，使用這個名詞

*5 「影響力投資」是一種近年在歐美新興的投資類別，在此投資類別中，不僅要考慮財務收益，也要確保投資能對社會利益和環境利益有正面影響。詳見作者之後的解釋。

卻很可能導致「竊取論題」（begging the question）的邏輯謬誤[*6]：為什麼我們被迫在資本主義和社會主義的二元對立之間來做選擇呢？

掙扎著渴求新語言，就是我們這個時代的標誌。我們正處於一個轉捩點：許多人都對可能到來的系統性崩壞產生同樣的危機感。如同哲學家喬納森・李爾（Jonathan Lear）寫道：「人們越來越意識到文明本身是脆弱的。」他說：在這樣一個文化被徹底顛覆的時代，歷史向我們發出了「對概念的呼喚」（call for concepts）。隨著舊體制的失敗，我們正在失去賦予我們生命意義的舊有概念世界。為了進入新的領域，我們需要卓越的想像力，我們需要全新的視野和全新的名字。[19]

「國家社會主義」不會是我們需要的名字。「企業資本主義」也不是。我們並沒有辦法在十九世紀的那些典範中，找到能夠應對當今挑戰的經濟模式。而雖然「**民主式經濟**」至今還不是一個常用的術語，但它在當今提供了一個整合框架，幫助我們認識運動的本質、幫助更多的人認識到潛在的系統性變化，也讓我們不因這個運動真正的目標而感到害怕。

民主式經濟不是從上而下的命令式經濟。它不是資本主義加上更多的監管和更多的社會安全網，也不是資本主義加上環保科技。建立民主式經濟就是要重新打造這個世界基本的經濟體制和活動，包括公司、投資、經濟發展、就業、採購、銀行、資源使用等等。建立民主式經濟就是要讓經濟的核心回到公共利益。如果這一切重新設計得不夠徹底的話，很可能就無法幫助我們度過眼前地球村的動盪時代。

## 除了鯨魚身上的藤壺

民主需要**進入經濟制度的內部**。如果只是透過法規管制和社會安全網，將諸如永續性或公平性等價值附加在制度之外，那就像把藤壺附加在鯨魚身外一樣不可靠。相反地，這些價值需要深植於我們的經濟 DNA 之中。

一個新制度的靈魂是它的基本原則。這些基本原則能將不同的方法和路

*6 竊取論題，又稱丐題。此謬誤發生在論述時，把不該視為理所當然的前提，預設為理所當然。

線組合成一個共通的典範。系統思維讓我們知道，人類系統是圍繞著我們所關心的事物自行組織起來的，這些我們關心的事物又稱為「價值」。如同系統學家多內拉・梅多斯（Donella Meadows）所寫的那樣，「自行組織」（Self-organization）這個概念，意味著當舊有的方法不再管用時，系統有能力「透過創造全新的結構和行為來徹底改變自身」。這就是我們這個時代正要發生的事。[20]

舊制度的首要基本原則是資本偏見。這就是為少數富人服務的資本主義體系核心。而新制度的核心，則是為公共利益服務。這個目標透過民主式經濟的七項基本原則而得以實現，我們在本書中所提到的人，都自然地接受了這些原則。這七項原則包括：**社群原則**、**包容原則**、**地方原則**、**好工作原則**、**民主所有權原則**、**永續性原則以及道德金融原則**等等。這些原則共同體現了一種新的常識。

在第一章中，我們會討論民主式經濟原則和榨取式經濟原則的對比，同時我們也會點出一個令人驚訝、甚至對很多人來說是無形的現象：民主式經濟在世界各處早已悄然興起。接下來，就像一些傑出作家的寫作方式一般，在第一章之後的每一章裡頭，我們會依序討論每項新原則。

在第二章中，我們將拜訪一位三十來歲、居住在南達科他州松樹嶺（Pine Ridge）印第安人保留區的拉科塔族（Lakota Sioux）尼克・蒂爾森（Nick Tilsen）。尼克已經建立一個能夠生產自身所需能源的再生社區。同時，這個社區也開始培訓青年的建築技術，並創立員工持有的建築公司和原住民女子紡縫合作社。我們會看到，公共利益擺第一的「**社群原則**」（principle of community），就是原住民世界觀的核心。原住民這樣的心態，和想成為億萬富翁的矽谷高科技公司創辦人非常不同。尤其想想，當後者在汲汲營營追求財富的同時，當地卻有三分之一的孩子整年連飯都吃不飽。[21]

在第三章中，我們將拜訪泰隆・普爾（Tyrone Poole）。他是一位曾經無家可歸的年輕美國黑人，後來成為奧勒岡州年度企業家。他曾得到城市經濟發展組織（該組織已改名為「繁榮波特蘭」（Prosper Portland））的資助，因為該組織關注的焦點在於經濟上的種族正義和性別平等。「**包容原則**」（principle of inclusion）在這裡發揮作用，為長期被社會排斥的人創造機會。這個原則的出發點在於承認目前的經濟制度是建立在種族排斥和權利剝奪的基礎上。「繁榮波特蘭」委員會的領導高層也認同這樣的想法。

在第四章中，我們將拜訪克里夫蘭大學醫院人力資源部門的副部長金・謝爾尼克（Kim Shelnik）。他正在創造新的方法來培訓和聘僱醫院附近弱勢社區的居民。推動這類錨定機構的是「**地方原則**」（principle of place），也就是強調在地居民對特定地區的共同奉獻，同時尋求建立能夠回流當地的社區財富。這和全球化經濟對地域的漠不關心形成了鮮明對比。在全球化經濟中，「地方」對企業來說，只是金融榨取的目標。不同「地方」的差別，只在於相對容易或不容易賺取利潤而已。

在第五章中，我們和紐約布朗克斯區「家庭護理夥伴合作社」（Cooperative Home Care Associates）的領導人進行對談。家庭護理夥伴合作社是一家員工持有所有權的公司，聘僱了兩千三百名員工，其中大部分是拉丁裔和非洲裔美國女性。這家公司是建立在「**好工作原則**」（principle of good work）之上，也就是勞動優先於資本。在越來越敵視勞工的榨取式經濟環境中，「家庭護理夥伴合作社」就像一個充滿人性正義感的孤島。

第六章將介紹生態科學家勞倫・詹森（Loren Jensen）。他創立了一個有五百名員工的環保顧問公司「EA工程公司」（EA Engineering），該公司年營收達到一億四千萬美元。曾經有段時間，這家公司的股票在納斯達克上市交易。那時在短期利潤最大化的壓力之下，公司換了三任總裁，員工士氣低落，最終美國證券交易委員會找上了他們，公司因而陷入困境。最後，勞倫把公司買了回來，現在它是一個員工持有所有權的公益公司（benefit corporation）[*7]，在公司的治理框架中致力於創造公共利益。在當今強調公平性和永續性的時代中，這是一個企業設計的模範，因為它體現了「**民主所有權原則**」（principle of democratic ownership）。這個模範也顯示了一種潛在的轉變，新型公司模式開始超越了傳統的榨取式公司模式。在後者的模式之中，公司主要的道德義務在於受託人義務，也就是盡可能提高委託人或股東的報酬。

在第七章中，我們將探討卡拉・桑托斯・史坎第爾（Carla Santos Skandier）的工作。他曾在里約熱內盧的環境保護局工作，現在是我們的同事，

*7 公益公司是一種新興類別的營利事業。此類公司除了公司收益以外，也注重如何針對社會、員工、社群和環境等面向創造公共利益。

也是一位年輕的律師。他正在推廣一個大膽的想法，來嘗試打破關於氣候變遷立法的僵局：運用美國聯邦儲備理事會（Federal Reserve）的力量，收購美國最大的二十五個化石燃料公司。這個運動象徵著「**永續性原則**」（principle of sustainability）。同時這個運動也說明了，如果真的把地球生命的永續性看得比短期金融收益重要的話，那麼我們該怎麼做？

在第八章中，我們將拜訪馬修・布朗（Matthew Brown）。他是英格蘭普雷斯頓市（Preston）的市議會議長。在二〇〇八年的金融危機之後，普雷斯頓嘗試吸引一家大公司投資的努力宣告失敗。過了不久，普雷斯頓受到「克里夫蘭模式」的啟發，建立了一個更加進步的模式，包含一家新的地方信用合作社、一家非高利貸的發薪日貸款機構，還有一家可以由社區持有的新銀行。在這模式中起作用的是「**道德金融原則**」（principle of ethical finance）。此原則主張投資和貸款都是為了服務人民和地方。這個至關重要的原則，能從冷漠的榨取式金融體系中把我們的命運拯救出來。

上述這些地方運動都可以被視為「**民主實驗室**」（laboratory of democracy）。這是美國最高法院大法官路易斯・布蘭迪斯（Louis Brandeis）創造的一個術語。布蘭迪斯在大蕭條時期提到，各州可以任意發展「新社會經濟實驗的實驗室，而不用害怕給國內其他地方帶來風險」。[22]大蕭條開始時，農民們以合作社和聯盟的形式聚集在一起，以制衡大型企業集團。當時阿拉斯加建立了一個計畫，提供援助給缺乏照顧者的老年人。此外，當時各個城市和農村的領袖帶頭打造了公有的下水道以及供水和電力系統。

這些措施為社會安全體系奠定了基礎，也是國家農業投資和田納西流域管理局（Tennessee Valley Authority）的前身。我們在本書中介紹的社會實驗，同樣可以作為往後大規模實施的基礎。本書各章之中都探討了這種規模化的可能性，並在簡短的結論中，提出什麼是現階段我們所有人都能做的事，還有什麼是有待解決的大問題。

## 渴望新鮮事物

絕大多數人都知道，我們的經濟體制已經崩壞。百分之七十一的美國人說，他們認為經濟體制受到操縱並且和他們對立。[23]

奇怪的是，這種崩壞並不是我們面臨的真正問題。沒錯，這個體系崩壞了，但更大的挑戰是我們對問題的巨大規模感到恐懼，而感到絕望、感到無事可做。這時，要克服的敵人其實是我們的徒勞感、挫敗感以及麻痺感。因為看不到下一個經濟體制的出現，也沒有實際可行的共同願景，我們無法相信有可能建立某一個替代模式。我們之間的許多人可能更容易想像世界末日的到來，而不是資本主義的末日。

然而，人們開始從四面八方來到克里夫蘭參觀長青洗衣合作社。這些人包括政治人物、市長辦公室員工、經濟發展領導人、投資者、醫院管理人員、基金會員工。他們都來這裡看著那些員工兼老闆把毛巾和床單丟到商用洗衣機裡頭。這是因為這些人和這些事默默告訴他們：至少在這個社會縮影裡、至少在這裡，有些新東西是可能的。在長青合作社成功模式的鼓勵下，許多地方都建立了類似的模式，包括聖保羅、密爾瓦基、阿爾伯克基（Albuquerque）、紐約羅徹斯特（Rochester, New York），以及維吉尼亞州列治文（Richmond, Virginia）。

受到了長青合作社的啟發，曾被諷為「英格蘭自殺之都」的英格蘭普雷斯頓，也建立了一個影響更深遠的模式。二〇一八年，普雷斯頓被普華永道會計師事務所（PricewaterhouseCoopers）和倫敦智庫「Demos」評為英國改善程度最高的城市。[24]現在，普雷斯頓反過來啟發了英格蘭、蘇格蘭、威爾斯、還有遠至坦尚尼亞等地方的城市領導人，讓他們重新檢視在地發展的可能性。普雷斯頓的成功促使英國工黨成立了一個社區財富建設小組。該黨現在由傑瑞米・科爾賓（Jeremy Corbyn）領導，他在二〇一九年時很有可能成為下一任首相。《經濟學人》稱普雷斯頓是科爾賓的「模範城市」。

對新模式感興趣的不只是左派和工黨領袖。在兩黨共同力推之下，美國國會在二〇一八年通過新的員工所有權法案。[25]在英國，來自羅奇代爾（Rochdale）的保守黨領袖愛德華・卡本特（Edward Carpenter）正在研究如何在他的城鎮裡建立社區財富。[26]在美國，直到最近才卸任阿爾伯克基市長的新墨西哥州共和黨員理查・貝里（Richard Berry）參與了「阿爾伯克基健康社區」（Healthy Neighborhoods Albuquerque）的建設。他幫助大型錨定機構進行在地買賣，這也是在克里夫蘭所倡議的模式。[27]

克里夫蘭模式和普雷斯頓模式都非常有吸引力，畢竟大家都想看到事情接下來會如何發展。此外，這些地方具體呈現了一種乍看之下不太可能又看似魯莽的信念，也就是：即使在社會日益增長的政治、經濟和生態混亂之中，也會出現一些好事。隨著人們團結起來，一些好東西已經開始出現。

在克里夫蘭，克里斯‧布朗位於長青公司的工作，讓他有機會在職業生涯中邁進一大步。他後來離開洗衣合作社到一家跨國公司工作，現在他在那裡的年收入達到六萬美元。他在發給我們的電子郵件中寫道，長青公司「給了我一個多數人都不會給的機會。它給了我成為一名領導者所需的技能和信心！」[28]

不久前，在長青洗衣合作社公布了年度利潤後，員工每人獲得了約四千美元的分紅。此外，二十一名員工參加了一項長青公司的計畫，透過每月扣除約四百美元的薪資，公司幫助他們用一萬五千美元到三萬美元之間的價格購買改建後的房屋，另外他們還獲得了市政府減免的房產稅。提姆‧科勒曼（Tim Coleman）曾是洗衣合作社的司機，後來升職為客服經理。二〇一四年，他在格倫維爾買了一間有四間臥室、兩間浴室的房子。他將在二〇一九年完全付清款項，正式擁有這間房子。[29]

透過克里夫蘭模式，或者說民主式經濟的綠色嫩芽，社會上開始出現了當今匱乏的東西。就像克里斯在離開長青公司前不久，對記者戴爾・馬哈里奇（Dale Maharidge）說道：「我得到之前未曾有過的東西，那就是希望。」[30]

# 第一章

# 民有、民治、民享的經濟

## 大浪席捲全球

民主式經濟原則VS榨取式經濟原則

「像空氣一般，我將興起。」

——馬雅・安傑洛（Maya Angelou）

「你能感覺到海嘯的拉力。」桑迪・威金斯（Sandy Wiggins）說道，「巨浪正在興起。即使它才剛剛開始出現，你卻已經可以感覺到巨大的力量。」說這句話的時候，桑迪和我們二十四個人圍坐成一圈一起交談。這是在舊金山舉行的一場聚會，參與成員是來自各地的社區基金會。這場聚會的主題是以地方為基礎的影響力投資（impact investing），這種投資的目的，是在創造社會或生態效益的同時，讓投資獲得經濟上的報酬。另外，瑪喬麗也參加了聚會。作為正在此地訪問的金融專家，這次她的任務是提供金融設計建言。桑迪曾經擔任「美國綠色建築理事會」（US Green Building Council）的主席，也曾參與當地「生活經濟商業聯盟」（Business Alliance for Local Living Economies）和「RSF社會金融組織」（RSF Social Finance）。[1]

這是該團體的第一次聚會，當時其中一個基金會的會長問大家：「什麼是影響力投資？」多數人並沒有答案，但這是一處能安心承認自己一無所知的地方。而後，在這群人一起交流了十八個月之後，參與的多數社區基金會（包含從南部農村到羅德島城市的基金會），都發起了他們以地方為基礎的投資項目，例如：將一個停車場改造成住商混合的大樓、開辦在地投資基金、在食品沙漠

（指那些缺乏健康、經濟、有營養食物的城市或鄉村）中發展大型城市農場、或者說服某個董事會將約十億美元捐款的百分之五，用於以地方為基礎的影響力投資。

當這些樂善好施的領袖們坐在一起時，最引人注目的是房間裡的真心和熱情。這些人管理著數億美元的資產，卻像大學生在宿舍裡密謀革命一樣。然後他們會回到家鄉，與謹慎的董事會和投資顧問斡旋角力。投資顧問總是會告訴他們不能做這個、不能做那個。但是，他們仍然會繼續讓改變成真。

民主式經濟運動是另一種革命。這個運動的動力有賴於積極行動派、草根領導人和進步派政治家。但它也需要一些難以想像的盟友，比如這些基金會的領導階層、影響力投資的投資者，還有進步派的商業領袖和有創新想法的財富管理者。此外，市長、州長、經濟發展領導人和非營利組織負責人也漸漸一起加入了運動。於是，這場運動是一個令人難以想像的混合體，混合了才華、熱情和勇氣。

## 一支看不見的軍隊

很少有人能完全了解這場重建運動的全貌。例如，非營利組織為了幫助難以找到工作的人們，正在努力經營社會企業。而社會企業則是運用商業模式去解決社會問題。位於明尼阿波利斯（Minneapolis）的公司「科技垃圾處理」（Tech Dump）就是一間社會企業，他們成立的目的在於培訓更生人（以及其他就業困難的族群）從事電子產品回收工作。這樣的商業模式在近年來蓬勃發展，社會企業之間也建立了許多串連與合作，其中「社會企業聯盟」（Social Enterprise Alliance）在全美四十二個州已經擁有九百多名企業成員。[2] 與此同時，牛津、哈佛和耶魯的商學院也都開設了社會企業的創業課程。

此外，也有越來越多的非營利醫療體系致力於在地的經濟發展，例如芝加哥西區的拉許大學醫療中心（Rush University Medical Center）。該中心的淨資產為十七億美元，總營業收入約為二十四億美元。[3] 為了解決當地非白人社區根深蒂固的貧窮問題，拉許大學開始利用它的資源，例如購買、聘僱、在地投資等等，來改變影響健康的社會因素，例如工作稀缺、教育水準低落和暴力。

美國的醫療和衛生系統每年花費超過七千八百二十億美元，聘僱五百六十萬人，投資組合達到四千億美元。隨著越來越多像拉許大學醫療中心一樣的組織，承擔起為社區服務的使命，改變既定遊戲規則的力量也會越來越強大。[4]

另一方面，員工持有的合作社也正在迅速發展，就像「斯斯皮德！」（Si Se Puede!）[*8] 這家位於布魯克林的房屋清潔企業，主要的所有者都是拉美裔。克莉絲蒂娜是墨西哥移民，同時也是單親媽媽，在她加入這個合作社後，她的工資從每小時七美元漲到了二十美元。[5] 與此同時，全美各地的工會都在發起員工合作社，例如：「美國通訊工人工會7777分會」（Communications Workers of America Local 7777）在丹佛催生的「綠色計程車」（Green Taxi）。該組織的領導階層和董事會成員，全部由司機組成，而這些司機都是來自東非和摩洛哥的移民。[6] 其他正蓬勃發展員工合作社的城市包括：紐澤西州紐華克、加州奧克蘭、紐約州羅徹斯特、威斯康辛州麥迪遜。

在美國，實行員工持股計畫（ESOPs）的公司數量超過六千六百家，計畫中的總資產接近一點四兆美元。[7] 這些公司包括擁有一千一百名員工的女性服裝公司「愛琳・費雪」（Eileen Fisher）以及「新比利時啤酒」（New Belgium

Brewing）。「新比利時啤酒」是美國第四大手工釀造啤酒公司，其股份百分之百由員工持有。這間公司的著名商品是胖胎琥珀啤酒（Fat Tire Amber Ale）。[8]

員工持股在英國、蘇格蘭和其他許多國家都有所進展，其中包括「約翰路易斯合夥公司」（John Lewis Partnership）。這是英國最大的百貨連鎖店，二〇一八年公司的營收達到一百零二億英鎊。該公司的八萬五千五百名員工都是公司的合夥人。透過公司內部實行將近一個世紀的民主制度，員工每個人都對公司如何運作有發言權。[9]

此外，在美國三十四個州註冊、總共有五千四百家的公益公司，也體現了經濟模式的深刻改變。這些公益公司包括 Kickstarter 和「亞瑟王麵粉」（King Arthur Flour）等等，它們都致力於公共利益，並做出了法律上的承諾。此外，在世界上六十個國家總共有兩千六百五十五家類似的公益「B型企業」

---

*8 Si Se Puede 為西班牙文的「是的，我們可以」或「是的，一切都可能」。為七〇年代美國農民運動時期常見的口號和標語。

B Corporation），由非營利組織「B型企業實驗室」（B Lab）認證。[10]

美國的合作社產業（由員工持有所有權的商業機構）總共擁有超過五千億美元的營收，聘僱了兩百萬名員工。但令人驚訝的是，它仍然像是無形的東西一般，很少在商學院被拿出來討論。合作社包括會員持有的信用合作社，也包含像香吉士（Sunkist）、優鮮沛（Ocean Spray）、藍多湖（Land O' Lakes）和有機谷（Organic Valley）等農業合作社，或像是REI這樣的消費合作社。在當今世界上，員工合作社這個產業全球聘僱了一千兩百六十多萬人，擁有十多億會員，總收入超過三兆美元。其中最大的合作社是西班牙的「蒙德拉貢公司」（Mondragon Corporation）。該公司由一個員工持有的聯盟組成，包括九十八個員工合作社，總共有八萬名員工和一百二十億歐元的收入。它在全球各地銷售產品，並擁有自己的銀行、大學、企業育成中心和社會福利機構。[11]

在加拿大，尤其在魁北克省，所謂的「社會經濟」（social economy）扮演著重要的角色。魁北克省有七千多家集體企業（collective business）[*9]，年收入超過四百億美元。省政府已經承諾在未來幾年內投入高達一億美元來繼續推動此類行業的發展，加拿大聯邦政府還成立了一個由全國各地人士組成的共同創建指導小組，用來幫助制定社會經濟的戰略。[12]

在二〇〇八年的金融危機之後，公共所有權成了一種可行的經濟戰略，開始在世界各地重新出現。從拉丁美洲開始，全球掀起了一場運動，要求收回在地社區對供水系統的所有權。這場運動在三十七個國家至少兩百三十五個案例中恢復了對於水資源的公共所有權，總共讓一億人受益。[13]在英國，公眾輿論的浪潮已急劇轉向，由過去瑪格麗特・柴契爾首相（Margaret Thatcher）領導的國產私有化，如今開始遭受強烈反對。二〇一七年，擁護自由市場的智庫列格坦研究所（Legatum Institute）進行了民意調查。令人震驚的是，調查發現絕大多數的公眾，支持將各種產業收歸人民所有：百分之八十三的人支持水資源公有化，百分之七十七的人支持天然氣和電力公有化，百分之七十六的人支持火車公有化，百分之六十六的人支持國防和航空公有化，百分之五十的人支持銀行公有化。我們的同事湯瑪斯・漢納（Thomas Hanna）寫道：往前創造更美

*9 集體企業的定義是：在相同或類似產業中，透過同業合作來分享資訊和創造共同利益的企業。傳統的集體企業合作模式包含公會、商會、合作社或加盟連鎖方式。

好的未來需要一些戰略。而在這些戰略之中，「只要不再緬懷歷史的遺跡，公有制就可能再次占據它應有的地位。」[14]

國有銀行已經在印度、中國、德國和拉丁美洲等地發揮了重要作用，它們很大程度上幫助這些國家度過了二〇〇八年的經濟大衰退。在歐盟裡，有兩百多家公有和半公有銀行，另外還有八十多家公有融資機構，總共約占全部銀行總資產的百分之二十。在德國，有四百一十三家公有的城市儲蓄銀行，它們總共擁有超過一點二兆歐元的資產。正如《經濟學人》所指出，這些公有儲蓄銀行「幾乎毫髮無傷地」度過了當年的全球金融危機。[15]

在另一種模式中，我們可以看到美國有一千一百多家社區發展型金融機構，這些機構大部分由社區投資者持有。[16] 影響力投資領域在當今全球快速成長，這些社區發展型金融機構就是其中的一部分。「影響力投資全球聯盟」（Global Impact Investing Network）在二〇一六年的一項調查中發現，影響力投資人總計管理近一千一百四十億美元的資產，他們將其中兩百二十一億美元投入約八千項投資。「影響力投資全球聯盟」共同創辦人兼執行長阿米特・布里（Amit Bouri）預測：「影響力投資將成為『新常態』的一部分，它將刺激資本市場發揮作用，去應對甚至解決貧困、不平等和環境退化等重大的全球性問題。」17

這場運動集結起來的力量，比多數人所知的都還要強大。我們的社會正面臨崩壞，但我們也因此有了重塑的機會。這就是我們經常在訪問社區的過程以及在其中工作的過程中所看到的活力泉源。我們感覺到，冰凍的事物已經開始流動，而恐懼、沮喪或困惑（例如困惑於「什麼是影響力投資？」）導致的麻痺感，開始轉變為前進的動力。

## 為什麼要把民主放入經濟？

「民主」為上述的運動提供了一個整合性的概念。哲學家約翰・杜威（John Dewey）用一種很好的方式解釋了原因。他說：民主「不僅僅單純是一種政府形式」，而更是一種道德上的理想。民主這個概念，適用於包括經濟和工作場所在內的許多社會領域。在杜威看來，要成為一個成熟有道德的行動者、要成為有能力體驗自由和擁有人性尊嚴的人，最好的方式，是要在蘊含各種民主精神的社會制度中生活和工作。此外，這些民主制度尤其必須呈現友好熱情、以人為本的道德原則。[18]

杜威的思想，預示了諾貝爾經濟學獎得主阿馬蒂亞・森（Amartya Sen）的觀點。阿馬蒂亞・森認為，經濟發展是一個消除「各種不自由」的過程，例如消除貧困或消除機會的缺乏。這些不自由讓人們別無選擇。森將此種衡量法對比了國內生產總值（GDP）成長率或科技進步等等狹隘的發展指標。杜威和森所堅持的願景，是一種只有在民主式經濟制度中才能實現的自由。這種自由，不是大型企業在全球榨取最大金融利益的自由，而是給予所有人真正經濟繁榮的自由。[19]

相比之下，榨取式的經濟制度則是維護少數人的特權。資本偏見的核心根植於人類的心中，也根植於一直以來人類對於虛榮和地位的追求。這種價值體系透過有利於富人的制度和政策來體現。最後，價值觀和制度結合在一起，於是在資本家和其他普通人之間形成了資源、權力和特權的不平等分配。[20]

基於財富的偏見，和基於種族或性別的偏見一樣是不合理的。然而，儘管種族主義和性別歧視在社會上還未根除，但它們至少都失去了大眾觀點上的合理性。第三種形式的偏見——資本主義，就不是這樣了。

「資本」的另一種說法是「資產」。就如同「民主合作組織」的創辦人、政治經濟學家加爾・阿爾佩羅維茨（Gar Alperovitz）所說，持有以及控制資產幾乎是每一個經濟體的基本特徵。在古代君主政體中，國王和貴族持有農耕社會的土地。在共產主義中，生產工具歸國家所有。在資本主義的早期階段，像強盜一樣的產業大亨持有工業經濟成長中所需的基礎建設。在我們這個時代，所有權已經進入了金融市場。這就是為什麼現在的我們認為資產就是金融數字。而金融數字就是榨取式經濟中所謂的經濟成功，也是資產持有者的收益：股市上漲、利潤最大化、投資組合的成長報酬。

然而，系統自然產出的結果不是偏誤，而是根據它們的設計目標、權力歸屬，自然導出的合理結果。如果我們想要產出符合民主式經濟精神和願景的結果，我們就需要在制度層面有相對應的設計。而任何人類系統的要素都是其基本原則。

## 民主式經濟原則 VS 榨取式經濟原則

**社群原則**（The principle of community）：**公共利益優先**。社群共同體是民主式經濟的基本原則。生態經濟學家赫爾曼・戴利（Herman Daly）和神學家約翰・科布（John Cobb）曾提出了一個觀念：人的自我是「社群中的自我」，這樣的形象描繪就是系統的基礎。他們寫道：現實世界中完全獨立的個體並不存在，因為社會面向在人類生活中是不可或缺的。社群為我們每個人的成長茁壯創造了條件。而地球則是最重要的社群共同體，因為沒有健康的環境生態體系，人就不可能有美好生活。[21]

相比之下，榨取式經濟體系中，「自我」（self）的形象是一個孤立的個體——一個追求自身利益最大化的理性經濟行動者。或者用商業形象來說，自我的形象是一個白手起家的創業人士。這些觀念助長了關於個人成功的幻想，這些幻想用破壞性的方式塑造人們的行為，因此鼓勵攻擊性、否定他人遭受的貧困、創造出與成熟行為相反的那種對於無拘無束式自由的渴望。

**包容原則**（The principle of inclusion）：**為長期被排斥在外的人創造機會**。

理想經濟體系中像太陽一般存在的中心點，就是廣大公民的富裕繁榮，而民主式經濟制度將圍繞其運轉。這樣的想像指引了我們採納包容原則，也就是接納長期被排斥在體制外的人。其中，這個原則最有意義的層面在於：經歷了幾個世紀的種族分化之後，在美國我們更要鼓勵種族包容。民主式經濟的感性層面會讓我們認知到，現有的經濟制度是在種族分化的基礎上建立的。當我們回頭看著這個體系的初生時期時，我們更能理解資本主義的目光是多麼殘酷。資本主義沒有因為把人貶為「財產」而退縮，也沒有因為把人貶為沒有內在尊嚴的「商品」而退縮。

在榨取式經濟的遺傳密碼中，紀錄著那些開創者的特質。例如像卡內基（Carnegie）、古爾德（Gould）、范德堡（Vanderbilt）和洛克菲勒這樣的野蠻人，他們反映了十九世紀的社會風格。那是一個黑人被奴役、美洲原住民遭受種族滅絕的時代，也是一個婦女被剝奪公民權、工人因試圖組織工會而被槍殺的時代。換句話說，那是一個充斥著種族、性別和財富歧視的社會。

**地方原則**（The principle of place）**：創造回流在地的社群財富**。想要建立民主式經濟制度，我們就必須忠於它所存在的地理位置。工作、家庭和土地的實體經濟活動，總是有「在地性」。自己的城市和鄉鎮總是人們最關心的地方，在這個「地方」為了公共利益而共同努力就是理所當然的事。

民主式經濟是從創造各式各樣的社區財富開始：社區連結、周遭環境、文化財富、個人技能、生態資產等等。將這些財富留在當地，意味著利用深根於在地的財產所有權（理想情況下是由廣大的公民所持有），創造全民共享、韌性強健的繁榮經濟。當然，社區財富的創造需要錨定機構伸出援手，例如醫院、大學和學院的幫助。這些機構帶來超過一點七兆美元的經濟活動，這個數字接近美國國內生產毛額的百分之九。這個數字大致相當於資訊產業的占比，並超過了農業、水電瓦斯業和採礦業的總和。[22] 非營利的錨定機構能夠承擔起「錨定任務」，也就是在地購買、在地聘僱和在地投資。當他們這麼做時，資金就會在社群內回流，進而產生乘數效應，最後創造更好的社群穩定性和更強烈的幸福感。[23]

另一方面，全球化和金融化是榨取式經濟的特徵。驅動此種經濟模式並不需要一個具體的地方或社群，因為榨取式經濟體現的是一個任何地方皆可適用的世界觀和商品化經濟，其中我們只要點一點滑鼠，投資就能輕易跨越地方的界線。在這樣的模式中，企業會受到美國各地政府每年提供總共一千億美元的激勵政策吸引，不斷從一個地方搬到另一個地方。[24]此外，在這個制度中，企業絕大部分的所有權是屬於不需要工作的人和資本菁英，於是最富有的百分之十資本家，持有了百分之八十四的股票。[25]面對這個荒謬的體制，一個常見的辯護說法是，當資本家從社區中榨取財富，然後將得來的財富投入金融交易之中，那麼利益最終會慢慢地從上層階級下滲到勞動階級。然而，事實往往不是如此。

**好工作原則**（The principle of good work）：**勞動先於資本**。在民主式經濟中，好工作與足以維生的薪水是核心目標。勞動者應該被賦予尊嚴，而工作本身也必須讓人感到光榮。這是人類發展完整能力（capabilities）的重要環節（哲學家瑪莎・納斯邦（Martha Nussbaum）提出了這個重要概念）。[26]畢竟，經濟自由和政治自由相輔相成。而關於勞動先於資本，亞伯拉罕・林肯（Abraham Lincoln）也曾提到這個原則，他認為勞動「比資本更優越」、勞動應該得到「更多的敬重」。[27]

在榨取式經濟中，人們追求最大化資本利得、最小化勞動收入。這一個觀點深深埋進了企業損益表的結構之中。損益表將資本收入定義為「利潤」，也就是某種會不斷增加的東西；而將勞動收入定義為「支出」，也就是某種會不斷減少的東西。在其他地方也可以發現類似的偏見，例如：公司只關注資本成長的目標、僅僅按照資本的多寡決定董事會成員資格，以及將最大化資本利得作為首要目標的投資文化。[28] 傳統慣例告訴我們，投資收益從來都沒有「夠了」的時候。這種對資本的偏愛，導致了大家只要有可能，都想把勞動收入從這個經濟體系中驅逐出去。

**民主所有權原則**（The principle of democratized ownership）：**為新時代設計新企業**。在民主式經濟中，企業將被視為人類社群共同體。企業所有權屬於來自於各地的公眾，這些公眾可以是勞工、社區、市政當局，在某些適當的情況下，也可以是投資者。透過各種形式的公共、私人、合作社、受雇者和共同所有權，新企業在不同規模和不同產業中組織起來，創造出我們所追求的有益結果。值得一提的是，民主所有權制度並不代表決策管理時，就必須實行直接民主或一人一票。每個企業的目標都有適合的管理設計，所以民主也會根據有效率的運作需求，適當地由管理階層代理決策權力。

如果我們的經濟模式要適應一個有許多生態限制的新時代，那麼企業設計就必須從榨取模式根本改變。在當今的所有權設計中，企業的目標經常是短期、追求無止盡的成長、透過利潤和股價來衡量成功、外部化環境成本，而且在決策過程往往不理會道德規範。另一方面，民主式企業有恰當的規模、合乎道德的決策和任務。而當企業所有權更能讓負責日常營運的員工所掌握，並且深根於在地的時候，這些目標會更有可能達到。[29]

相反地，在榨取式經濟中，企業不是有機的生命系統，而是被當成資產階級可以擁有和出售的財產。就像婦女和黑人曾被剝奪了政治上的公民權一樣，勞工在這樣的系統中，被剝奪了經濟上的公民權。[30]

**永續性原則**（The principle of sustainability）：**保護生命的基礎——生態系**。在榨取式經濟中，與公司企業和投資者討論永續性時，總是必須符合利潤最大化的框架，然後告訴他們如何藉由永續發展賺取更多的錢。然而，美國的開國元勛並沒有為了取悅君主而調整他們的論述。相反地，他們發表了清晰的真理，同時堅持下去。這也是當代的《聯合國布倫特蘭報告》（UN Brundtland Report）所做的事。這份報告將永續性定義為：在不傷害未來世代的前提之下，滿足當前人們的需求。[31]

這是一種新的經濟道德，在一個能夠永續發展的世界裡，一切都必須符合這個框架。這是從整體社會出發的合理觀點，也是與新物理學相符的觀點。新物理學告訴我們：世界不是物體的集合，而是主體之間的交流。人類不是地球的主人，而僅僅是地球的成員。

另一方面，榨取式經濟中的資本家正在對自然發動一場戰爭。與其說是這些資本家仔細考慮後的故意行為，不如說是漫不經心的結果，因為經濟對自然界的影響經常是難以察覺的。例如，當一條河流因為山頂的煤炭移除工程而受到傷害時，財務報表不會顯示出這種傷害。因為那條河流不是採礦公司持有的資產，所以企業沒有受託人義務對它進行維護。河流的傷害也不會被認為是產品的「原料」，所以不需計算在成本之中。財務報表只會告訴我們：資本家的獲益是真實的；但下列的事實卻不是真實的：成噸的垃圾傾倒在一條流淌了幾千年的河川之中，而這條河很可能再也不會流動了。

**道德金融原則**（The principle of ethical finance）：**為了民眾和地方來投資和貸款**。在合乎道德的金融制度中，社會和生態效益是主要目標。企業如果在這方面做得好的話，才能賺錢。對於這個原則，負責任的銀行和影響力投資機構在許多方面有至關重要的作用，例如：將資金帶回現實世界、提供資金給真正在做事的企業、減少投機交易帶來的賭場經濟。畢竟在一個不平等和生態脆弱的世界裡，無限成長是不可能的。因此，收入如何分配變得更加關鍵。在此原則中，有道德的投資人必須認知到他們有限制財富累積的道德義務。此外，銀行和貨幣主管當局應該運用資產來建立韌性良好的生態系統，並為多數人建立資產，同時發展民主式經濟的制度。如此重新想像之後，我們將學到慎重的投資人應該怎麼做。

在榨取式經濟中，資本總是想要獲得最大化的報酬，同時承擔很少的負面後果。在這個經濟體系之中，投資的決策權掌握在財富管理者手中，他們只有透過實現最大化報酬才能保有這種權力。因此，無論是財富管理者還是資本家，都不認為他們應該對金融體系的不良影響負起責任。其實系統內部的人員，例如企業經營階層、投資顧問、財富持有人和基金會高層等等，或許有心想要關心其他面向，但是他們可能也經常覺得自己被迫按照系統的指令做事。畢竟當這個系統中，重要的道德責任就是投資報酬最大化的受託人義務時，它實際上就變成了唯一的責任。這唯一的責任，會在資本優先的面前，合理化對其他價值的忽略，例如：對社群、員工和環境福祉的忽略。

## 嚴厲與慈愛

民主式經濟的概念，融合了保守和進步兩派理解世界的不同方式：用保守派的嚴厲，混和自由派的慈愛。[32]民主式經濟包含了嚴厲的財政責任，也嚴厲要求對生態系統的責任。同時，民主式經濟也包含了對公共利益的慈愛，但也重視追求繁榮生活的個人自由。這些是保守派和自由派都想要的目標。

民主式經濟是將兩種世界觀融合熟成。正是這種深入各層面又合乎道德的體系，讓上述這些原則集合成為一種新的典範。於是，民主式經濟讓我們有了度過難關的指南。

在簡介這些不同的原則時，我們展示的是理想，但同時我們也完全明白現實世界混亂不堪。我們之中的大多數人，比起打高空，其實更常腳踏實地。我們在民主合作組織的工作中，還有在我們所寫的每一個提案中，每個人都曾犯錯。畢竟，當我們必須重塑一切時，我們怎麼可能不犯錯呢？所以，這本書不是要追求完美。畢竟我們明白，巨浪正在興起，但它並不是讓我們搭便車到達想去的地方。我們必須靠自己努力，正如我們在舊金山當地圈子的一名參與者所說的：「我們自己就是海嘯。」

# 第二章

# 社群原則

## 公共利益優先

印地安人故鄉的再生社區

「我們是最初的居民……我們要向全世界傳達一個訊息。」

——詹姆斯・拉托・利夫（James Rattling Leaf）
拉科塔斯坎古族人（Sicangu Lakota）

尼克・蒂爾森（Nick Tilsen）站在公車裡前半部靠路的那一側，從側窗往外向「膝傷紀念碑」（Wounded Knee memorial）致意。「在傾盆大雨中你看不到它，但紀念碑就在那裡。」他說。

那是二〇一五年五月底一個陰暗的下午，我們在公車上，和一些民主合作組織的同事，還有二十位美國原住民領導人同行。這個活動是我們學習／行動實驗室（Learning/Action Lab）的一部分。學習／行動實驗室是一個多年的計畫，目標在於幫助這些領導人創立或擴大社會企業和員工持有的公司。[1]我們早在幾個月前就計畫來到這裡訪問南達科他州的松樹嶺印第安人保留區，所以儘管狂風暴雨正在肆虐，尼克仍然勇敢地當著領隊。他靜靜地站了一會，此時我們透過傾盆大雨向窗外看去。

雖然我們並不是很清楚自己到底預期能在這個印地安人保留區看到什麼，但的確沒想到會看到這樣的景象：一個鍛鐵做成的拱形大門，門的後面是上升的坡道，坡道卻好像朝向一片荒蕪的開闊區域。那裡沒有導遊招呼遊客，沒有明信片攤位，甚至連坐的地方都沒有。一座受到風化的方形尖碑聳立對著天空。雖然我們無法透過雨幕看清一切，但我們知道，方形尖碑的地面上有一個巨大的墓穴，周圍是鐵鍊柵欄。這裡是三百名拉科塔男人、女人和孩子的屍體堆積的地方，他們在一八九〇年慘遭美軍第七騎兵團（US 7th Cavalry）射殺。

在歷史中，「膝傷紀念碑」對印地安人來說有著重要的意義。騎兵團屠殺當地印地安人的時間是在一八九〇年聖誕節過完後的四天，也是美國白人與此地原住民長久戰爭的最後一天。那時，兩方在此地發生最後一場暴力衝突。此外，在一九七三年，「美國印第安人運動」（American Indian Movement）與聯邦執法官也在這個地方對峙了長達七十一天。當時，印第安人要求對撕毀條約的行為，還有政府對原住民資產的不當處理進行調查。我們發覺，這塊土地充滿了歷史。

我們蜷縮在公車座位上。因為在這年春天的旅行中，我們之中的許多人都還沒有為寒冷的天氣做好準備。此外，還有一種無法言喻的豐富情緒縈繞著我們。畢竟當我們在這塊土地上行走，就會感覺自己像是一個偷窺者，像是要偷窺並觸碰一個還未癒合的傷口。

儘管這麼說令人感到不安，但是大屠殺在我們這個時代似乎已經成為司空見慣的事。在當代，犯案的兇手通常是拿著槍或者土製炸彈的孤獨瘋子。然而在這塊原住民的土地上，當時的持槍者有五百人，他們並不是瘋子，而是一個致力於消滅「野蠻」民族的社會所派來的軍隊。這些人像獵殺野牛一般獵殺原住民。那時的美國人急於證明自己有征服邊疆的天命，於是美洲原住民順理成章成為被征服的對象，也成為美國創世神話中不可或缺的一部分。湯瑪斯・傑弗遜總統（Thomas Jefferson）曾說，這個國家擁有足夠的自由土地，「能讓我們的子孫世世代代享用。」[2] 然而過去兩千年以來，美洲原住民一直在這片土地上闖蕩，而美國法院卻宣布這是無主之地。這件事一點也不稀奇，畢竟林肯在他看似慷慨大方的《宅地法》（Homestead Act）中，把許多土地免費給了白人定居。

如果說膝傷紀念碑讓我們憶起騎兵隊的火槍，那麼象徵美國第一條橫貫鐵路建設竣工的「金釘」（golden spike），則體現了原住民經濟的滅亡。正如「聯合太平洋鐵路公司」（Union Pacific）總裁查理斯・法蘭西斯・亞當斯（Charles Francis Adams）所說：「太平洋鐵路徹底解決了印第安人的問題。」

[3]鐵路大亨和支持他們的金融家們，例如范德堡、卡內基、古爾德和摩根（J. P. Morgan）這些人，為了當時正崛起的美國工業經濟修建了鐵路，因此舊時代的原住民經濟被迫讓位給新時代的美國經濟，而那些工業經濟正是今日榨取式經濟的溫床。透過鐵路，許多探礦人來到西部想要一夜致富，因為加州還有南達科他州的布萊克山（Black Hills）都被發現含有黃金。如同蘇族聖人黑麋鹿（Black Elk）所說：「這種黃色金屬讓白人崇拜、讓他們瘋狂。」[4]

北美印第安人以社群為基礎的經濟，也就是他們在這片土地上輕鬆生活的方式，幾乎在一夕之間消失了。同時曾經填滿這片平原的三千萬頭水牛也一起消失，如今土地上剩下的只有「膝傷河大屠殺」（Wounded Knee Massacre）時殘存的幽靈。

## 在印第安人故鄉建立民主式經濟

如今，水牛開始歸來。和我們一起坐在公車上的是努力促成這一切的人：尼克的父親馬克・蒂爾森（Mark Tilsen），而創立民主式企業，則是他選擇用來改變現狀的工具。

馬克和他的商業夥伴卡林・亨特（Karlene Hunter）開發出了「坦卡棒」（Tanka Bar），這是一種以傳統在地工法加入蔓越莓醃製的水牛肉食品。這個食品完全不需要使用化學防腐劑。那時，他們創辦了「美國原住民天然食品公司」（Native American Natural Foods），如今這家公司的營業額已經成長到數百萬美元，他們的產品也成功打入了包括全食超市（Whole Foods）和好市多超市（Costco）在內的數千家商店。目前，他們的公司從當地原住民生產商那裡購買所需水牛肉的百分之二十五，最終目標是百分之百。馬克和卡林認為，資產所有權對原住民家庭的經濟獨立至關重要。因此，在民主合作組織的促成和幫助之下，他們與員工分享了公司的部分股權。

坦卡棒開創了一種全新類別的肉類點心。它的成功也吸引到許多激烈的競爭對手，例如通用磨坊公司（General Mills）出產的「經典水牛棒」，它的包裝上寫著「薩滿保佑」（shaman blessed）。卡林提到：「我甚至在報紙上看到，他們把狗取名為『拉科塔』。」[5]

在他們與跨國食品企業集團爭奪超市上架空間時，也曾苦苦掙扎，不過最後仍然順利生存了下來。與此同時，馬克也轉向一種新形式的民主公司：一間由當地水牛生產商組成的合作社「坦卡復原農業」（Tanka Resilient Agriculture）。「我們的任務之一就是把野牛帶回保留區，把野牛帶回這塊平原。」馬克跟我們的團隊這麼說。

*

膝傷河是馬克在「印第安人故鄉」（Indian country）（這是他和尼克經常使用的詞）開始創業的地方。馬克的父親曾是明尼蘇達州聖保羅一位著名的民權律師。在膝傷河發生「美國印第安人運動」之後，他曾為抗議者辯護。馬克和他的妻子瓊安娜・托爾（Joann Tall）就是在那時的膝傷河相遇。

「我媽媽參與了那時在這裡發生的原住民精神復興運動，」尼克在公車前座說著，「假如膝傷河的印第安人復興運動沒有發生，我也不會來到這個世界上。」

就在尼克說話的時候，一場大冰雹像機關槍掃射般突然從天落下，向我們的公車襲來，幾乎把他的話給淹沒了。「當時的騎兵隊獲頒十七件國會榮譽勳章，以表彰他們在這裡所做的一切。」尼克提高聲音說道：「這裡的告示牌上曾寫著『膝傷之戰』，但後來上面被加了一塊木板，改成了『大屠殺』。有些人認為這是我們原住民精神的崩毀之處。」他停頓了一下，「但這裡也是一處重新燃起希望的地方。」

## 構思一個更美好的社會

二〇一三年，我們學習／行動實驗室的聚會第一次在加州奧克蘭的一家飯店會議室召開，那時尼克出現了。他看起來很年輕，穿著T恤和牛仔褲，臉上掛著微笑，背後有著一條黑色的辮子。我們很快就發現，他曾參與提倡松樹嶺傳統精神修行的青年復興運動。巴拉克・歐巴馬（Barack Obama）總統曾公開讚揚他建設的再生社區，時任「美國住房和城市發展部」（Housing and Urban Development）部長的朱利安・卡斯楚（Julian Castro）也訪問了該社區。在建設時，尼克組織了一個特別的合作團隊來幫忙，其中包括像 BNIM 公司的鮑勃・伯克貝爾（Bob Berkebile）這樣的傑出人士。BNIM 公司是位於密蘇里州堪薩斯城（Kansas City）一家重要的綠色建築和設計規劃公司。鮑勃為尼克的再生社區畫了建築設計草圖。而那些草圖即將作為展覽的一部分，懸掛在曼哈頓上東區的庫珀・休伊特・史密森設計博物館（Cooper Hewitt Smithsonian Design Museum）裡。展覽主題是「由人民來構思一個更美好的美國」。[6]

在我們和尼克一起工作的五年間，我們看著他掌權，也看著他成為「阿育王夥伴」（Ashoka Fellow）[*10]。他幫助松樹嶺贏得了「希望地帶」（Promise Zone）的稱號，也開始前往全國各地發表演講。此外，他還進行了數百萬聯邦補助金的談判，也把他的員工從三人增加到四十多人。這一切的行動，都受到他在精神修行中所感悟的遠見引導，同時他也用一樣的精神來引導他人。

一九七八年之前，某些保留區原住民的宗教信仰還是非法的。那個年代，想要找回這些傳統文化的復興運動吸引了像尼克這樣的年輕人。他們一起建造小屋、學習拉科塔語和傳統儀式歌曲。尼克在接受《今日印地安故鄉》（Indian Country Today）採訪時表示：「每次結束儀式時，我們都感到自己的文化精神更富足了。」他繼續說道，「但我們也開始意識到，我們的傳統儀式和我們現在社群內所發生的事之間是脫節的。過去很長一段時間內，我們習慣了一種接受外界救濟的心態。我們只想伸出雙手，等著人們往手裡放東西。」[7]

數不清的世代以來，原住民部落民族一直自給自足。然而，在疾病和種族滅絕的威脅下，百分之九十的原住民消失了，剩下的少數人則被迫遷移到保留區。從那時開始，他們的生活方式有了巨大的改變，也開始依賴政府的援助。隨著家庭被毀、土地被毀、傳統被毀，文化創傷形成了。如今很明顯地可以看到，這裡有猖獗的酗酒問題、居高不下的青年自殺率，以及大量的貧困人口。松樹嶺是美國最貧窮的地區之一，基礎建設缺乏，工作機會稀少。在這裡，部落政府是唯一的經濟引擎。

尼克提到，在他們的精神修行中，年輕人會接收到部落長老的口信。「你打算繼續讓別人決定你孩子的未來到什麼時候？你們不是勇士嗎？」長者說：

*10 「阿育王夥伴」是由跨國社會企業聯繫支援組織「阿育王」（ASHOKA）所頒發的創業贊助獎項，多年來在全球贊助了數千名頂尖社會企業創業者。阿育王組織由美國社會企業之父比爾・德雷頓（Bill Drayton）成立。

「是時候停止說話，開始行動了。不要讓這裡成為恐懼之地，而要讓這裡成為希望之地。」

也是在那時，尼克和其他人決定成立「雷谷社區發展公司」（Thunder Valley Community Development Corporation）。這是一個獨立於部落政府的非營利組織。[8]他們花費數百小時與社區成員一起互相傾聽和規劃，為了彼此的未來而行動。尼克說：「這是第一次，他們被詢問自己想要什麼，而不是被別人決定他們要什麼。」隨著公司的發展，工程師、建築師和基金會都來支援他們的努力，支援的力量包括「西北地方基金會」（Northwest Area Foundation）、「企業社區合作夥伴」（Enterprise Community Partners）和「明尼蘇達住房合作夥伴」（Minnesota Housing Partnership）。他們的資金則來自美國農業部、住房和城市發展部（Department of Housing and Urban Development）以及南達科他州州長辦公室等部門。雷谷公司與松樹嶺的許多其他組織合作，包括拉科塔基金（Lakota Funds）、奧格拉拉蘇房屋委員會（Oglala Sioux Housing Authority）和野馬山社區發展公司（Wild Horse Butte CDC）。[9]在這個過程中的每一步，對於再生社區的願景和設計，都是由社區內部的眾多成員發想而成。

這些努力的成果，就是耗資六千萬美元的再生社區設計藍圖。現在正由雷谷社區發展公司在三十四英畝的自有土地上建造。[10]這個經過總體規劃的村莊，帶來了當地迫切需要的平價房屋和租屋空間，還有相關的生活設施，例如祈禱場地、戶外露天劇場，以及像是操場、籃球場、滑板公園等青少年活動空間。這個計畫也呼籲當地居民幫忙建造自己的房子，他們的汗水作為資產也能幫助他們省下一大筆錢。

「在這裡，整個社區都是一個再生、永續的系統，」尼克解釋道：「每棟房屋都能最大程度利用被動式太陽能，還有百分之百的水循環利用，而建築材料也是可回收材質。這將是一個『淨零耗能』的社區（net zero community），自己生產自己使用的所有能源。」

過去，這個社區的失業率估計高達百分之八十五。此外，每當一美元流入這個地方時，就會在四十八小時內流出。因此，新建的再生社區將著重於開設商店、提供空間培育在地企業，以及建立勞工培訓中心。[11]現在，年輕人們在建造房子的過程中已經培養了建築技能，所以他們一起創立了一間在地員工持有的建設公司「第卡建設」（Thikáǧa Construction）。此外，雷谷社區發展公司還實行了一個社會企業計畫，推出多家印第安人自有的公司。第一家是「雷谷農場公司」（Thunder Valley Farm），該農場在二〇一七年底接收了五百隻雞。曾經，這裡的居民要開八十英里才能買到非冷凍、未經加工處理的雞肉。所以對這樣的原住民社區來說，這家公司是邁向糧食主權的重要一步。此外，在這塊保留區上的婦女們也開始經營事業，例如成立「歐威薩縫紉合作社」（Owíŋža Quilters）。[12]

正如尼克所說，「再生」（regeneration）指的是有機體再次生長或恢復原有功能的能力。所以，雷谷社區發展公司打造的不僅僅是房屋和建築。它的目標是重新創造印地安人社區多樣的財富：社群精神、青年技能、糧食主權、自給自足的經濟。它讓這裡的家庭能夠對自己的未來負責。尼克說：「這個再生社區可以作為一個充滿生命力的實驗室，用來減輕貧困和打造永續社群。這可以是一個能推廣到全國甚至國際的模式。」[13]

*

雷谷社區發展公司正在創造社群財富。而這個架構就是我們民主合作組織希望帶給參與者的東西。很多人也都指出，這個架構很適合美國的原住民文化。正如同一位原住民與會者提到的：「人們所說的『新經濟』，實際上就是回歸到我們祖先早就知道的模式。」

當「學習／行動實驗室」運作時，我們在民主合作組織也曾犯下一些錯誤。最初，我們認為自己的角色是「教導」這些原住民領袖。在第一次聚會中，我們準備了好幾個投影片。然後他們紛紛抱怨，於是我們很快就被趕了出去。在我們離開房間之後，原住民與會者一起討論了他們真正要的是什麼。幾小時之後，他們再次邀請我們進來，然後一起討論這個聚會如何從教導轉變為「合作學習」的模式。最後我們取消了講座，然後讓我們找來的專家和參與者，進行一對一的個人對談。

另外一次，瑪喬麗和我們的同事莎拉·麥金利（SarahMcKinley）（她後來成了這個計畫的負責人）為這個學習團體做了一個書籤，上面印了我們工具包的網址。當時，因為想到原住民的文化傳統，所以我們讓設計師在書籤的其中一面印上了羽毛的設計。但當我們把這書籤發出去時，原住民與會者立刻開始訕笑著說：「這是雞毛撢子嗎？」就這樣，我們原本是想和原住民建立文化親近感，但卻失敗了（我們還有一堆沒用過的書籤，如果有人感興趣的話請和我聯絡）。

當然我們也有做得好的部分。那就是在吉爾・班伯格（Jill Bamburg）的幫助之下，每次的聚會我們都會圍成一個圓圈讓每個人發聲。吉爾過去是平肖大學（Pinchot University）（如今改名為平瑟迪歐研究學院（Presidio Graduate School））的校長，現在已經退休。那時他加入了我們的專家小組。吉爾會特別注意要在每次聚會開始和結束的時候，讓每個人都發出聲音。我們總是從一位參與者的祈禱開始，通常會是尼克。（在一九三四年出版的《黑麋鹿的演講》（*Black Elk Speaks*）一書中，蘇族首領黑麋鹿說：「印第安人做的每件事都是從圓圈開始，這是因為世界的力量總是在圓圈裡運行……風大力旋轉著。鳥兒以圓圈築巢，因為牠們的信仰與我們人類並沒有什麼不同。四季運轉也形成了一個圓圈，一個人的一生也是一個圓圈。所以圓圈無所不在，也是力量之所在。」）[14]

在這個學習／行動實驗室的團體中，所有的小組都面臨著巨大的挑戰。到了第五年，在已經開始的六個計畫中，有幾個完全失敗了，不過另一些還算成功。每個小組的員工流動率都很高。儘管如此，整個圓圈依然健在。團體的精神還是保存得很好，依然充滿團結、活潑又好玩的文化。這是一個真正在實踐與行動的社群。

## MITAKUYE OYASIN——拉科塔語：「我全部的關係」

這句話的核心是社群原則。這就是為什麼上面提到的經濟發展架構和印第安人文化有著深刻的文化關聯（但沒有必要再提羽毛了）。伯尼・拉斯穆森（Bernie Rasmussen）是斯波坎部落社群（Spokane Tribal Network）的負責人，也是這群志同道合人士中的一員。他在寫給泰德的信中表示，他相信建立這樣的社區財富「早已是一種原住民文化，所以只要有適當的機會，它就會成長茁壯。」[15]現在我們發現，機會就在眼前。

史蒂芬妮・古鐵雷斯（Stephanie Gutierrez）曾在「雷谷社區發展公司」擔任過一段時間的社會企業部門總監。她很晚才加入這個團隊。但隨著她逐漸熟悉社區財富建設的架構，她和瑞伊・托爾（Rae Tall，當時是雷谷社會企業計畫（Social Enterprise Initiative）的專案協調人），還有松樹嶺社區的成員進行了長時間的討論和參與。後來，瑞伊將社區財富建設的架構翻譯成拉科塔語（見表一）。當時，斯蒂芬妮與克里斯汀・瓦格納（Kristen Wagner）合作成立了一個名為「希望之國」（Hope Nation）的顧問團體，期望將這種架構和方法推廣到更多的原住民社群。當我們看到原住民女性迅速接收了這些架構，並轉化成為她們自己的東西時，都覺得非常驚訝。

緊接著是另一件事。尼克宣布，他將辭去雷谷社區發展公司負責人的職務，成立 NDN 集團（NDN Collective），這集團將與二十四個原住民非營利組織和四十多個想要走雷谷公司路線的部落合作。尼克解釋道，他的目標是創立一個價值數百萬美元的投資基金、一間顧問機構、一家基金會、一個串連組織和一間宣傳機構，「這樣我們就可以建立一個新世界，在其中有數百個像雷谷公司這樣的組織。」尼克說，NDN 在他們的行話中代表的是「印第安人」（Indian）。另外N也代表原住民（Natives）。而D代表的是防禦、發展、去殖民化（Defending, Developing, Decolonizing）。[16]

此外，後來我們也得知，曾任雷谷公司副總監、與我們密切合作過的莎莉斯・大衛（Sharice Davids）回到了堪薩斯城，並在二〇一八年當選為眾議員。她成為美國眾議院最早的兩名原住民女性之一。[17]

*

在我們的學習／行動實驗室的最後一次聚會之前，史蒂芬妮準備了一份文件，說明她和瑞伊是怎麼去討論過往的殖民主義對印地安保留區經濟發展的影響。他們開始探索榨取式經濟在他們的土地、人民和生活方式上留下的印記。

其實，一直等到他們開始進行共同翻譯之後，社區財富建設這個路線才完全在印第安人社群引起共鳴。一位同事跟他們說：「很久以前，財富並不存在於物質上的東西，而是在於你能給予什麼。」在傳統的拉科塔文化中，戰士是把禮物送給最貧困的人。史蒂芬妮和瑞伊兩人解釋道：在殖民化之前，「如果一個家庭不能養活自己，更大的家族團體（tiospaye）的其他成員就會幫助他們。」[18]

他們寫道，拉科塔語中「財富」的意思是「過一種幸福、平衡的生活，一種身心健康、與創造力平衡的生活。」「對於拉科塔來說，社群意味著地理位置和親緣關係，因為他們的文化是建立在親緣關係還有與周遭所有人、植物、動物、星星和土地的聯繫基礎上。」在殖民化到來之前，「土地是公有的而且沒有界線，社會是母系制度的遊牧家庭結構。這種與土地的聯繫至今仍然存在。」[19]

此外，史蒂芬妮也談到了她在明尼蘇達州諾斯菲爾德（Northfield）參加的一次「大街計畫」（Main Street Project）培訓。那個培訓計畫發展了一種再生、以家禽為中心的農業系統。她寫道，整個系統是循環的，「自由放養的雞養在土地上，土壤透過牠們的排泄物獲得營養，營養再提供給農作物的種子。」然後再一次這樣的循環。這和很久以前拉科塔人的生活方式很類似，那時他們只收成需要的作物，不造成太多的浪費，並且讓自然秩序裡蘊含的智慧自由發展。

## 榨取式經濟的精神

上述這種社群精神和對土地的親緣關係，與范德堡、卡內基、摩根和其他榨取式經濟始祖的精神明顯不同。他們所處的時代是西方列強進行全球殖民統治的時代。在那個時代，人們可以接受低等種族註定要被統治的這種想法。如今，白手起家的億萬富翁懷抱著類似的榨取式精神，同時他們的形象也被英雄化了。另一方面，在膝傷河邊疆地帶的故事帶給了我們一種不同的關注視野。在這裡，最先映入眼簾的是被殖民者的苦難和堅韌。

這兩種世界觀在膝傷河發生了碰撞，他們的不同之處是基於對人類個體的兩種觀點。一種是現代經濟學的根本概念：「經濟人」（homo economicus）。經濟人是一種理性、尋求最優化自己利益的人類個體。針對這樣的經濟學觀點，生態經濟學家赫爾曼・戴利（Herman Daly）和神學家約翰・科布（John Cobb）在《為了公共利益》（*For the Common Good*）一書中寫下了批評。這本書出版於一九八九年，當時還沒有今天廣泛的非傳統經濟學理論，但書中的批評聽起來仍然符合當代思維。「經濟學家通常把對個人利益的明智追求與理性連結在一起，這意味著其他行為模式是不理性的。」戴利和科布寫道，「他們以為，只有透過理性的行為，也就是自私的行為，所有人才會擁有最大的利益。」

為了反駁，他們提出了一個相反的觀點，即經濟人也是「社群人」（person-in-community）。「我們是在人際關係中或透過人際關係而形成的人，撇除了人際關係，我們就不再擁有身分。」因為我們的思維與感受、我們的抱負與恐懼，都是由社會塑造的。[20]

## 深層文化敘事

我們的文化敘事很大程度上是無意識的。瑪喬麗回憶起有一天，她從我們的一次聚會返家。在丹佛機場的安檢隊伍中，她遇到了一位來自雷谷的參與者喬・懷特（Jo White）。那是十一月下旬，就在感恩節週末之前。當兩人通過安檢，朝不同的方向走去時，瑪喬麗揮手喊道：「祝你感恩節快樂！」然後她突然發覺自己說錯什麼，停頓了一下，問道：「你們會慶祝感恩節嗎？」喬笑著回答：「會啊，會慶祝我們讓你們活了下來！」*11

這是一個輕鬆愉快的時刻，喬的態度表明瑪喬麗沒有冒犯到她。但這一時刻說明了文化敘事的力量：我們是如何運用那些我們常常沒有意識到的深層故事，在世界中航行。

其中最深層的一個文化故事是，作為一個「經濟人」到底是什麼意思。在雷谷社區發展公司，我們看到了如何圍繞著一個「社群中的經濟人」建立系統，對這種經濟人來說，社群是完整自我不可或缺的一部分。正如同拉科塔的世界觀所告訴我們的，利己主義不是人類心靈中自然產生的唯一價值。關心他人也是自然的。當自我膨脹和財富積累在社會中占據主導地位時，這是文化造成的結果，而不是不可避免的人性。

在大多數原住民文化中，「社群人」這樣的自我意識是自然出現的。之所以能發現這樣的共通文化現象，是因為我們計畫的參與者來自各地許多不同的原住民部落。薇諾娜・拉杜克（Winona LaDuke）是來自密西西比一帶白色地球保護區的阿尼新納貝格族（Anishinaabeg of White Earth Reservation）。她估

*11　絕大部分北美原住民並不會慶祝感恩節，所以瑪喬麗的問話不自覺隱含了文化霸權的心態。於是面對這樣的問題，喬用一種幽默的方式來回應。

計全世界有五億原住民，而他們共通的世界觀是「人類與自然世界親密和諧地共存。」她說，原住民的生活方式「是唯一永續的生活方式。在我的經驗中，社群是唯一永續的事物……這是我們回家的路。」[21]

＊

「黑麋鹿」是拉科塔蘇族人在膝傷大屠殺時期的精神領袖。當他用《黑麋鹿的演講》向約翰・尼哈特（John Neihardt）講述自己的人生故事時，提到了自己在九歲那年生病，然後在幻覺中獲得了精神上的力量。多年後，黑麋鹿透過舞蹈和儀式分享了這個如夢幻境。之後他成為部落首領，展開了人生的演變之路。正如同他對尼哈特所說的：「有夢想的人，只有在現實之中把夢想表演出來讓大家看見，才能正確使用夢想的力量。」[22]

尼克也在創造一種夢想，並期望人們能夠看到。這就像當今許多信奉啟示錄和反烏托邦故事的人，也在為他人創造夢想，同時想著自己所作所為能夠喚起的力量。

尼克在我們一次聚會結束時說的話一直留在我們的腦海中。多年來，我們看到他忍受著無情的苦難。然而，在一次聚會結束時，尼克隨口說出了這句話；「我認為印第安人最好的時代，就在前方。」

表一、社區財富建設的七種驅動力（含拉科塔文翻譯）

| 驅動力 | 傳統經濟發展 | 社區財富建設 | 拉科塔式社區財富建設 |
| --- | --- | --- | --- |
| 地方 | 運用補助政策吸引企業，但也因此增加在地居民的稅收負擔 | 發展各式各樣沒有被善加利用的在地資產，追求在地居民的利益 | 對全體人民（Oyate）和我們的星球（UnciMaka）抱持忠誠 |
| 所有權 | 支持非居民金融菁英的所有權，經常傷害在地居民和在地企業的所有權 | 促進在地、大眾持有的所有權，以此為地方經濟繁榮的基石 | 所有權屬於全體人民（Oyate），民主化所有權 |
| 乘數效應 | 幾乎不管金錢是否會流出在地社群 | 鼓勵錨定機構在地購買，讓金錢在地方回流 | 涵蓋正式和非正式經濟活動，例如以物易物或在地貿易 |
| 合作 | 把決策權交給政府和私人產業部門，經常排除在地居民 | 讓更多人或單位進入決策圈，例如非營利組織、慈善事業、錨定機構、在地居民和城市等等 | 保存傳統美德，彼此互相合作，並和其他原住民部落接觸，在拉科塔人能力範圍內盡力贈與和幫助 |
| 包容力 | 只計算創造的工作機會數量，不顧薪資多寡或勞動族群的弱勢與否 | 包容更多不同族群，創造符合生活基本工資的工作，讓所有家庭享受經濟上的安全感 | 確保所有生命體都在考慮之中。三件最重要的事情：人民、星球和繁榮昌盛 |
| 勞動力 | 使用一般的就業訓練課程，不顧是否能和真實工作連結 | 連結就業訓練和真實工作，重視容易被排斥的勞工族群 | 考慮每個人的能力，找到他們最適合的位子 |
| 系統 | 接受收入不平等的現況，只期待財富會慢慢從上層階級往下滲透 | 發展新體制和支持新體制的生態系，目標是創造經濟活動的新規範 | 了解系統是循環的。畢竟在拉科塔的生活方式之中，所有事物都是相互連結。此外，必須有意識地重建永續社群 |

刊載授權：史蒂芬妮 · 古鐵雷斯，「希望之國」顧問團體共同創辦人

# 第三章

# 包容原則

## 為長期被排斥在外的人創造機會

在波特蘭經濟發展中創造平等

「黑人的歷史證明，不可能的事總是不斷達成。」

——詹姆斯・鮑德溫（James Baldwin）

人生的崩潰和重生是泰隆・普爾（Tyrone Poole）熟知的經歷。那是二〇〇六年的時候，他無家可歸，拄著拐杖，忍受著極度的痛苦，泰隆踉踉蹌蹌地走進俄勒岡州波特蘭市的公車站，癱在長椅上嘔吐起來。那天晚上，一名員警就是這樣找到他的，然後把他帶到 YMCA 遊民收容所。在那裡，他得到了一張帆布床，躺在健身房的地板上。他全部的家當，都在床底下的一個袋子裡。[1]

導致泰隆人生走下坡的原因是醫療債務。他過去曾在波特蘭社區學院（Portland Community College）完成了副學士學位，然後在接受消防員培訓時受了傷，身體每況愈下。治療這個傷勢讓他欠下了大筆醫療債務，他只能變賣財產，最後連車也沒了。

當泰隆在講述他的故事時，他就坐在我們的對面，中間隔著會議室桌子。這裡是波特蘭嬉皮風的珍珠區（Pearl District）埃弗雷特街（Everett Street）優雅的威廉姆斯與戴姆開發公司大廈（Williams & Dame Development building），在這裡泰隆的公司能有免費的辦公室。從這些背景中，我們可以看到錯綜複雜的社群支援系統圍繞著他，而這個地方就是其中一部分，也是抽象社群的具體化身。一直以來，這個社群不斷在泰隆身上播下堅韌和才華的種子。泰隆是現年三十四歲的非裔美國人，留著修剪整齊的鬍鬚和剪短的頭髮。這天，他穿著一件綠色T恤和全新的藍色牛仔褲。不久前，他創辦了OneApp 這家新創公司，最初公司的目標是推出一個線上平台，來媒合低收入住宿申請人與適合的房東。泰隆提到了他剛獲頒「奧勒岡年度企業家」的頭銜。另外也聊到了他的團隊是如何談下波特蘭住房管理局（Portland Housing Bureau）的合約，還有聊到其他城市和其他州是如何爭相使用他公司的服務。

當他第一次萌生開公司的點子時，現在擁有的這一切似乎還遙不可及。在遊民收容所期間，泰隆幫助了其他遊民找到房子住，用的是市政府給他們的住房消費券。不久，YMCA 聘請他為家庭社工。[2] 從他過去自己的掙扎經驗中，他看到了殘酷的事實：仍然有百分之四十持住房券的人會被房東拒絕入住。[3] 這個體系讓成千上萬的低收入戶家庭陷入困境。而在這麼一個充斥著種族歧視的波特蘭市，黑人無家可歸的可能性是白人的三倍。二〇一一年，波特蘭住房局（Portland Housing Bureau）的一項統計調查發現，在百分之六十四的案例中，房東或租屋仲介歧視黑人或拉丁美洲裔的房客。[4]

泰隆把這個問題看成一道數學題目。他開發了一種演算法來媒合適合的租屋申請人與房東。「過去，申請人對自己在篩選標準上是怎麼被評分的幾乎一無所知，」泰隆解釋說：「因為這些標準是保密的。也許，當你繳清了電信費或還了圖書館一本過期的書，你就過關了。」在舊的申請系統中，每次申請的成本要花三十美元到五十美元。換句話說，找房子對荷包來說非常傷。[5]

於是，泰隆開始發展網路媒合平台這個點子。「我知道這行得通，」他說，「但我沒有商業知識。」然後，他發現了新創公司 PDX 挑戰賽，這是「波特蘭發展委員會」（Portland Development Commission，市府經濟處的組織）為創業人士舉辦的競賽，已經有三年的歷史。

*

波特蘭發展委員會的執行長金伯利・布拉納姆（Kimberly Branam）向我們

解釋這場競賽是怎麼樣漸進改變，最後成為支持像泰隆這樣弱勢族群企業家的活動。最初他們的想法是，新創企業家可以爭取獲得價值五萬美元的獎項，其中包含商業指導、免費辦公空間、法律援助、商業規劃支援等等，還有一萬美元（後來增加到一點五萬美元）的資金補助。

金伯利回憶說，當第一屆的比賽優勝者聚在一起時，「我們環顧四周，發現他們大多是白人男性。」[6]第二年，波特蘭發展委員會將比賽的焦點重新集中在弱勢族群的參與者身上，主要是女性和非白人。這是波特蘭發展委員重新定位的一大步，他們的新目標是種族和性別的包容性。而這目標不僅是委員會任務的一小部分而已，而是新的核心。

就在那個時候，市府的經濟發展部門意識到，為創業初期的弱勢族群創業者提供資本支援和商業指導是非常重要的。因此在二〇一五年，它公開徵才，尋找願意為這些創業人士管理一個種子基金的基金經理人。這個種子基金總值兩百萬美元，是由波特蘭發展委員會、莫爾諾瑪郡（Multnomah County）和奧勒岡州政府合作成立的，也是美國第一個以公共力量支持的種子基金。波特蘭市政府總共向該基金投入了七十五萬美元。[7]

金伯利在二〇一七年成為委員會的執行長，然後她把組織名稱改為繁榮波特蘭（Prosper Portland），用來對照組織的新定位，也就是將重點放在支援弱勢族群。於是，「建立公平經濟」是該組織新的目標。繁榮波特蘭在官方網站上解釋道，我們城市所面臨的挑戰是「白人和非白人之間收入和資產的差距越來越大。」而解決方案之一是讓不同的非白人社區之間互相合作，增加彼此的就業和資產。[8]

我們第一次見到金伯利是在幾年前，那時她在我們為印第安人設立的某個學習／行動實驗室中演講。讓我們震驚的地方在於，當時她坦率承認，波特蘭發展委員會過去的工作其實也對種族排斥的推波助瀾有責任。後來我們才知道，她不僅向我們這群人談過這個問題，還在舊金山灣區每年舉行的「社會資本市場」（Social Capital Markets）大型會議上談過。在一場名為「雙城記」（A Tale of Two Cities）的演講中，她談到了波特蘭的進步形象其實有虛偽的成分，因為城市裡仍然有嚴重的種族裂痕，而且過去的城市經濟發展強化了那樣的種族裂痕。現在，波特蘭似乎正在進行一件了不起的事，也就是在整個城市強力推行並實驗「包容原則」。為了瞭解更多，有必要去那裡走一趟。

## 建立團隊，克服障礙

泰隆完全不認為自己是白手起家，而是歸功於幫助他的龐大團隊。例如，他遭遇的第一個絆腳石，是想參加新創公司 PDX 挑戰賽但卻籌不出一百五十美元報名費的時候。那時，他從史蒂芬．格林（Stephen Green）那裡獲得幫助。史蒂芬．格林是紐約市商業發展部門的官員，也是一位傑出的黑人企業家。「他是我的救命恩人。」泰隆說道。[9]

接下來的絆腳石是社會障礙。「我記得第一次參加波特蘭發展委員會為挑戰賽所舉行的交流會，」泰隆回憶說：「那裡很多人都有 Logo 或印有 Logo 的 T 恤，他們滿口都是讓我覺得嚇人的專業術語。幾乎大家都打成一片，但我卻無法加入。」

在這過程中的每一步，泰隆都覺得自己會被淘汰。「我記得我第一次上台，」他回憶道，「每個人都有圖表、圖解和投影片之類的講義。」但他只有一台平板電腦和一張紙。「我趕快跑到影印機前影印。那天我穿了我唯一的一套西裝，汗流浹背，全身濕透。」最後，他表現得非常出色，在一百五十名選手中名列前二十名，晉級了下一輪。

泰隆解釋道：「在我工作的地方，儘管很多家庭都收到了市政府的官方信函授權他們使用住宿卷，但是仍然有百分之五十的家庭會露宿街頭。」他說：「當我病好出院的時候，我的住房資格只能讓我挑選百分之一的房源，也就是一千間房子中的十間，這就像大海撈針。你知道大海撈針要花多少時間嗎？如果找房子的支出超過了一個家庭能夠付出的時間和金錢，最後他們就會流落街頭。每一份申請，每一次篩選，都耗費了申請人已經很稀少的資源。所以，我認為租賃雙方必須有效率地搭配起來。而我可以把所有複雜資訊壓縮到一個平台上。只需上網點一下，申請人就可以在所有符合資格的房屋中進行篩選。」

最後，泰隆成為六名優勝者之一，獲得了一萬五千美元的現金補助和使用其他服務的權利。然而他的挑戰才剛剛開始。

「我不需要現金，」他解釋道：「我需要的是線索，是如何讓我的想法實現的線索。」波特蘭發展委員會後來介紹他來自奧勒岡天使基金（Oregon Angel Fund）的導師喬恩・馬羅尼（Jon Maroney）。奧勒岡天使基金成立於二〇〇七年，總共投資了一億美元給一百家在地新創企業，目標是在奧勒岡州創造一萬個就業機會。「喬恩給了我一張二點五萬美元的支票，然後我用這筆錢創了平台的試用版」泰隆說。「那試用版非常垃圾，」他笑著補充說道：「但是它展示了我的新概念。」

「繁榮波特蘭委員會給我最重要的東西，就是一個能說服人的證明，」他繼續說：「這個讓人信服的社會資本，就像是金錢資本一般，讓我能盡情使用各種資源。」有一段時間，大型信用評等公司環聯（TransUnion）拒絕讓他獲得平台所需的信用評分。然後繁榮波特蘭委員會的員工凱薩琳・克拉亞克（Katherine Krajnak）告訴金柏利，請她寫了一封信，「接下來，環聯公司就開始讓我使用信用評等的資料庫，」他說：「這些資料很寶貴，人們可能會因為濫用它而入獄。但是他們把這些資料給了我、給了一個無名小卒，全都是因為波特蘭市政府的信用。」

*

後來我們和凱薩琳坐下來聊天時，她強調說：「我們做的不僅僅是制訂計畫而已，還必須為人們加油打氣。」凱薩琳是繁榮波特蘭委員會創業部門的計畫經理之一。當她來到我們所在的小會議室時，她剛參加完「公平理事會」（Equity Council）的會議（「公平理事會」是他們組織中一個強調包容原則的內部工作團隊）。她談到這樣的內部訓練能讓員工透過練習來檢視自己無意識的偏見。凱薩琳解釋道：「你必須檢視自己作為一個白人、一個男人，或者一個非殘疾人士的身分和優劣勢。」我們要求員工和其他膚色相同或性別相同的同事聚集在一起，然後「檢視我們每個人是如何將優越感或自卑感內化。檢視為什麼某個人覺得他有權利打斷另一個人的話，或者任意評論他們？又為什麼有些人不說話？」她說，「內化的壓迫隨處可見。」[10]

所謂的弱勢群體可以包括婦女、非白人、退伍軍人和殘疾人士。凱薩琳說：「女性企業家的平均收入只有男性的五分之一。雖然現今有很多女性掌權的企業，但它們的數量並沒有成長。」她繼續談到，如果一個人的身體有一半不正常運作，那他就不會健康：「如果我的右臂和右腿不正常運作，我就不會是一個功能完整的人。」[11]所以如果某些鄰居或潛在的創業者缺乏機會時，整個城市都會受到影響。反之，研究發現，當種族和收入的藩籬較低時，那個地區就能享有較長時期的經濟繁榮。[12]

*

包容原則是民主式經濟的根本，而民主式經濟的目的是為了每個人的經濟繁榮。在這樣的經濟觀點作用之下，泰隆從曾經無家可歸的人，成了一個值得開發的資產。然後，相對於社會救濟的手法，泰隆採納了市場經濟的手法來幫助低收入戶。也因此我們看到，包容原則可以被納入基本的經濟運作過程：創業、經濟發展、產品開發。這一切都是建立民主式經濟的基礎。這樣的民主式經濟體制中，社會目標不是附屬品，而是處於核心。

民主式經濟的路線，和當今經濟制度中的路線非常不同。現今的路線是對弱勢群體提供救濟福利，同時也向富有的白人提供經濟發展援助。但是這樣的方法反映了一種隱含的偏見，用馬丁・路德・金恩博士的話來說，就是：大家認為背負惡名的弱勢群體不會是引領歷史進步的人。[13]當然，這種偏見會導致全體的損失。

想像一下，如果波特蘭沒有舉辦這場創業比賽，如果沒有創業階段的導師，泰隆的未來會是什麼樣子？在榨取式經濟體制中，我們還要埋沒多少人才？

## 波特蘭的雙城記

金恩提醒我們，種族主義不是「少數頑固的極端分子偶爾偏離常規的現象。」[14]「如果說種族主義在美國南部發現了自己最邪惡的一面，那麼它也在其他地方隨處可見，例如在房地產仲介、銀行家、雇主、政策制定者，還有經濟發展領導人的行為和選擇之中，我們都能夠發現偏見。這就像金伯利在演講時所承認的那樣。二〇一四年，波特蘭州立大學（Portland State University）和非白人社區聯盟（Coalition for Communities of Color）發表了一份措辭嚴厲的報告，他們的統計發現，在波特蘭黑人的收入只有白人的一半。而且市政府和州政府並沒有積極廢除「公然的種族主義政策」。[15]

這些政策的源頭是此地過去的種族主義。當奧勒岡州在一八五九年加入聯邦時，它禁止黑人居住，隨後通過的一項法律禁止黑人擁有土地。[16]而波特蘭的都市更新史也沿襲了種族主義的精神。一九五六年，大多數選民贊成在以黑人為主的阿爾賓納社區（Albina）建造運動場，導致四百多間房屋被拆遷。隨後，為了建設高速公路和伊曼紐紀念醫院（Legacy Emanuel Hospital），波特蘭發展委員會（繁榮波特蘭委員會的前身）發出許可，清理了波特蘭東北邊的大片土地。最終導致三百多間非裔美國人的住宅和小型企業必須迫遷。[17]

在糾正這些歷史錯誤的過程中，繁榮波特蘭委員會有時會陷入困境。例如，希爾街區（Hill Block）的爭議至今未解。這街區裡的部分區域已經被夷為平地，但預定要建設的紀念醫院至今仍然尚為開工。後來，開發機構宣布醫院承諾將財產贈與非裔美國人社區，並承諾對社區的未來進行投資。但是當地居民仍然繼續抗議。居民們擔心，這筆私下磋商的交易最終不會對少數族群的企業有所幫助。當地居民拉薩・穆罕默德（Rahsaan Muhammad）對繁榮波特蘭的執委會說道：「你改了名字，但你沒有改變你的行為。」[18]在解決這個爭議的過程中，繁榮波特蘭委員會、紀念醫院和市政府透過一個社區領導的工作小組，讓居民共同參與開發計畫的完整過程。[19]

這是繁榮波特蘭委員會積極傾聽弱勢群體的例子，雖然這麼做有可能引起更多爭議，但也有療癒傷口的潛力。對話、重建失去的信任、檢討自己的偏見、承認過去的失敗：所有這些都是邁向包容原則的艱難過程。實現這個進步過程的關鍵，則是正視現今經濟制度賴以生存的種族基石。

## 在資本的語言裡，我們失去了什麼

在資本主義早期的傳統故事中，人們總是頌揚亞當・斯密（Adam Smith）的別針工廠和充滿善意的一隻「看不見的手」。然而，黑人作家們講述了一個截然不同的經濟學創世篇，他們聚焦於南方的棉花田和殘酷的種族剝削。

哈佛大學教授華特・詹森（Walter Johnson）寫道：「這塊奴役黑人們種植棉花的土地，是從原住民克里克人（Creek）、切羅基人（Cherokee）、喬克托人（Choctaw）、切克索人（Chickasaw）和塞米諾爾人（Seminole）那裡奪來的。」詹森指出，在一八〇〇年新興的資本主義體系中，密西西比的棉花種植、英格蘭曼徹斯特的織布機和紐約的金融家，都互相交織在一起。「而奴隸就是整個體系賴以生存的抵押保證。」為了在收成之前提供棉花種植者資金，棉花商人把錢借給他們，也因此商人們需要經濟上的抵押保證。詹森說：「而這種抵押保證就是來自於奴隸的價值。奴隸就是資本。一八六〇年，整體奴隸的經濟價值相當於美國鐵路加上製造業和農業用地的資本總額。」[20]

承認這段歷史能幫助我們看到，在資本的語言裡我們失去了什麼。債券的市場化和財產權的保護等等看似良性的經濟過程，其背後可能隱藏著非人性的一面。儘管在奴隸制度廢除的時期，人們已經開始普遍對這個制度反感，但是對財產權的尊重阻礙了我們更往前一步。即使在解放奴隸之後，也只有棉花農場主才能得到補償。歷史學家凱特琳・羅森塔爾（Catlin Rosenthal）寫道：「沒有人賠償奴隸。那些被奴役的人，從來沒有被看作是經濟上被剝削的人。」[21]

民主式經濟制度承認財產權，但也會把財產權和其他人權放在天平上權衡。這些人權包括享有經濟繁榮的權利、保護公共利益、為所犯錯誤贖罪的道德義務等等。建立符合包容原則的經濟制度，為的也是展開一場長期的社會運動。這運動的目標將是在於擺脫各種偏見，並創造一個服務所有人福祉的社會。

## 將包容納入經濟發展

張開雙手包容也就是培養同理心，這就是繁榮波特蘭委員會的領導階層所追求的。自從泰隆贏得那個比賽之後，繁榮波特蘭委員會已經演化成一個更廣泛的生態系統，目標在於支援少數族群出身的企業家。這系統又叫做「包容性商業資源連結」（Inclusive Business Resource Network）。這個資源連結強化了組織之間的合作，一起提供例如小額貸款、種子基金、商業貸款、法律諮詢、會計和市場研究等等專案幫助。這些服務的對象包括非白人、移民、女性創業者和其他少數族群的企業家。現在每年有六百家企業接受幫助。繁榮波特蘭委員會在二〇一七年和二〇一八年的計畫是向網際網路服務供應商投資兩百五十萬美元，目標是到二〇二二年時，能幫助建立一千家強健穩定的企業。[22]

波特蘭並不是唯一一座這樣做的城市。西雅圖、密爾沃基和威斯康辛州麥迪遜也同樣在採取促進種族經濟平等的措施，而這些城市的交流是透過「政府種族與公平聯盟」（Government Alliance on Race and Equity）。這是一個全國性的聯盟，其中包括了五十座城市、州和地區政府，他們都在努力追求種族平等。[23]

此外必須強調的是，種族包容雖然極其重要，但是單單關心種族是不夠的。

這也是馬丁・路德・金恩博士在他生命中的最後幾年裡強調的一點。當他計畫「窮人運動」時，他的重點已經擴大到為所有被剝奪權利之人爭取經濟平等。那時，他也越來越直言不諱地批評資本主義。當他在曼菲斯被槍殺時，他正在支持當地一千三百名罷工的垃圾清運工人。[24]

在那之前的一段時間裡，金恩與哈利・貝拉方特（Harry Belafonte）都有一種越來越強烈的不安感。他對貝拉方特說：「我們長久以來為了消除種族差別待遇而辛苦奮鬥。」對於這件事，金恩說他對獲勝充滿信心。然而，如果沒有給所有人的經濟平等、沒有體制本身的改革，金恩說他也擔心：「我正在把我的人民帶進一間失火的房子裡。」[25]

*

在我們離開波特蘭之後，我們在《波特蘭商業雜誌》（*Portland Business Journal*）上看到，泰隆的線上平台已經開始運作，且總共有五千個波特蘭家庭使用了平台。到了二〇一八年底，他已經成功從投資者手中獲得兩百二十五萬美元，也讓投資他公司的總金額達到三百五十萬美元。這些資金都來自個別的天使投資人，總共有約五十名，大部分是非白人。在此之前，泰隆接觸了許多金融機構的投資人和創投基金，但他們沒有給他任何資金。泰隆對《波特蘭商業雜誌》表示：「在那些基金中，少數族群根本沒機會。根據市場調研機構（CB Insights）的資料，創投基金投入的數十億美元資金中，只有百分之一流向了非裔美國人。」[26]

那篇雜誌上的文章，讓我想起了泰隆第一次走進我們等候的會議室時說過的話。「抱歉，我不能像原本說好的那樣講得很久。」他說，「我的一位天使投資人病危了，現在只靠生命維持系統維持著，她的家人和朋友們正圍繞在她床邊向她道別。」泰隆答應給我們一個小時，結果最後只有四十五分鐘。因為，更重要的事情正在呼喚著他。

# 第四章

# 地方原則

## 創造回流在地的社群財富

一百三十億美元的克里夫蘭錨定任務

「至關重要、也或許是唯一且全面的艱鉅任務就在於了解地方，那是我們直接生活在其中的某個具體之地。」

——柯克派翠克・賽爾（Kirkpatrick Sale）

「那時我的工作狀態正好，然後我突然被叫去小房間會面。」丹尼爾（Daniel）說道。在克里夫蘭一家跨國公司工廠工作了三年之後，丹尼爾被叫去會面，然後他被解雇了。「工廠生產滿載，但是他們仍然在進行大量裁員。我們聽說他們要削減三百萬的支出。」不久之後，丹尼爾看到了「進入大學醫院」（Step Up to UH）的傳單。這是一個由克里夫蘭大學醫院經營的招聘和培訓課程，為附近的低收入居民提供就業機會。丹尼爾是非裔美國人，三十多歲，身穿藍色制服。他和我們說話的時候，正坐在醫院勒納塔（Lerner Tower）員工培訓中心（Employee Enrichment Center）的桌子對面。他提到了自己是怎麼錄取「進入大學醫院」的課程計畫，還有這個課程怎麼教他一些「軟技能」，例如如何穿著、如何接受管理指導的同時不要反擊。他想在這家非營利醫院裡找到工作，「因為更穩定。」他解釋道。作為一個有四個孩子的父親，「我不得不考慮穩定性，而醫院並不會跑掉。」[1]

在二〇一五年他從「進入大學醫院」課程畢業之後，丹尼爾成為大學醫院裡的環境清潔工，時薪十一美元。（此課程要求我們不要透露丹尼爾的姓氏。）不到一年半，他的工資就漲到了每小時十三點一三美元。他現在正在學會計學，而且是大學醫院幫他付的學費。「我要參加註冊會計師考試，我對數字一向很在行。」丹尼爾說著，向後靠在椅子上，露出更專注的眼神。「我常常在這裡逗留，」他指著讓員工使用的六台電腦補充道：「我總是在這裡的職缺公告欄上尋找，等待下一個初級會計職位開缺。」

丹尼爾的學習之路，是從一個被解雇的工廠工人到學習成為會計師。這也正是大學醫院所感興趣的希望之路。因為「地方原則」，這個非營利的醫療機構給了丹尼爾（醫院兩萬六千名員工中的一員）非常多的幫助。該機構很關心他們旗艦醫療中心的周圍社區發展。這個地方位於歐幾里得大道（Euclid Avenue）上。那裡的失業率達到悽慘的百分之二十四，如果把灰心喪志的工人包括在內，那就接近百分之四十。這個地方是城市中投資最貧乏的區域之一，更不用說整個城市百分之三十九的人都處於貧窮狀態。[2]

大學醫院就在這樣的地方扎根。這個非營利醫療機構的收入高達三十九億美元。[3]儘管到處都有類似規模的傳統私人企業，但私人企業的目光會集中在華爾街。反之，大學醫院卻聚焦於俄亥俄州東北部。從一八六六年以來，這家醫院一直待在那裡。

大學醫院位於克里夫蘭大學的心臟地帶，也是一個占地一平方英里的綠洲，其中擁有數十個世界級的教育、文化和衛生機構，包括克里夫蘭診所（Cleveland Clinic）、凱斯西儲大學（Case Western Reserve University）和克里夫蘭大學醫院（UH）。僅這三家機構每年的經濟活動就超過一百三十億美元。[4]但是傳統上，只有很少部分的經濟能進入這些機構周遭的社區。開車離開大學區清新的世界，幾分鐘之內，你就會看到一堆長期閒置的建築，上面布滿塗鴉，玻璃早已破碎，窗戶外頭是雜草叢生的空地。

這些荒蕪的社區就是「長青洗衣合作社」（Evergreen Cooperative Laundry）成立的地方。長青洗衣合作社距離大學醫院只有十二分鐘車程，他們聘僱了許多來自當地社區的員工，而那些錨定機構例如大學醫院、凱斯西儲大學、克里夫蘭診所等，則提供給三家長青企業大量的合約收入。這個故事裡，社會的崩潰與分離最終成為新生命的土壤，從而培養再生和連結的種子。對民主式經濟的發展來說，這個故事也蘊含了有深度的一堂課。

更特別的是，這個故事說明了單靠政府的力量，並不足以讓弱勢群體得到經濟上的繁榮。我們將會看到，錨定機構也是一個必要的經濟力量，它能夠把人民和社區的公共利益放在首位。

## 從隔離到連結

有一段時間裡，大學區的機構和它們相鄰的社區完全不相往來。在二十世紀早期，為了躲避種族隔離政策的殘酷壓迫，當黑人從南方大舉遷移到這裡時，這些社區並不是接納他們的理想之處。至今，克里夫蘭仍是美國種族隔離最深的城市。[5] 尤其，後來隨著製造業工作從「鐵鏽帶」（Rust Belt）轉移到更低工資的地區，克里夫蘭的失業率上升。這些社區更惡化了。大學區的機構經常被闖空門破壞、一些女性在路上遭到襲擊、遊客不願來到此區。許多專業人士搬到了郊區。在此區的大型機構中，人們談論的話題是擔心城市的衰敗可能吞沒他們。當政府試圖進行都市更新時，往往是為了擴大大型機構而將住宅夷為平地。於是，大學周圍的地區成了種族仇恨的火藥庫。在一九六六年和一九六八年，所謂的種族動亂在離此地不到一英里的地方爆發。如今，克里夫蘭居民稱那些動亂為「造反」。[6]

在那之後，白人居民和白人企業加快逃離。那些大學裡的醫療機構也開始撤退。他們只想把重點放在治療病人和教育精英上，而不是幫助他們的鄰居。今天，這段歷史在這個地區的粗野主義式建築（brutalist architecture）中依然清晰可見，掩體風格的混凝土建築有著空白的一樓牆壁，看起來難以接近。它們無聲地表達了人與人之間的分歧。[7]

當羅恩・理查（Ronn Richard）在二〇〇三年成為克里夫蘭基金會（Cleveland Foundation）的主席時，他面臨著這個長久遺留下來的棘手問題。那時，他的妻子貝絲・羅德里茲・理查（Bess Rodriguez Richard）開始在克里夫蘭藝術學院（Cleveland School of the Arts）當志工。克利夫蘭藝術學院的對面就是門票免費的克里夫蘭藝術博物館（Cleveland Museum of Art）。有一天，貝絲提到一個與當天課程有關的博物館展覽，並問學生們是否有看過。沒有人舉手。最後一個學生說：「貝絲女士，那不是給我們看的。」[8]

貝絲很震驚，然後她把這個故事告訴了丈夫。第二天，羅恩聯繫了幾間當地錨定機構的負責人。這就是「大學圈大行動」（Greater University Circle Initiative）的開始。十多年後，「大學圈大行動」仍然是一個持續進行的錨定機構串連運動，這些機構利用他們的經濟影響力為他們稱之為「家」的地方帶來好處。

羅恩分享了他對「新合作地理學」（new geography of collaboration）的願景，也就是更大的大學圈，其中錨定機構和社區組成一個完整的社群。這樣的想法捕捉到了越來越多人們擁有的共識，他們認為這些機構和社區的未來是密不可分的。一個充滿活力的社區增加了機構的成功潛力。當社區遭殃時，機構也無法倖免。「大學圈大行動」證明了馬丁・路德・金恩博士曾說過的一句話：「我們交織在一個無法擺脫的相互關係網路、我們捆在命運織成的同件衣襟之中。」[9]

起初，「大學圈大行動」的重點是物質上的發展。錨定機構發現他們可以為了像是「住宅區計畫」（Uptown）這樣的專案，一起大規模增加投資。「住宅區計畫」是一個耗資一點五億美元的住商混合開發專案，它振興了歐幾里得大道上一片奄奄一息的土地。[10]接著，「大學圈大行動」的目標擴展到在地購買、在地聘僱、在地生活以及建立連結。這個行動影響深遠，如今凱斯西儲大學的入學人數增加了，大學裡的數百名員工也搬回了此地。二十八處廢棄工業用地修復了，準備重新開發。這裡有「新橋培訓中心」（NewBridge training facility），已經培訓六百多人；還有「醫療技術走廊公司」（Health Tech Corridor），它保留了一千八百個在地就業機會，創造了一千三百個新職缺。這裡還有「社區連結計畫」（Neighborhood Connections）和它正在進行的專案「社區連結之夜」（Network Nights）。這個專案把社區居民彼此連結起來，也把他們和錨定機構連結起來。[11]如今，「大學圈大行動」正在準備新的方向和新的戰略，也因此他們前來「民主合作組織」尋求幫助。

## 邊做邊想

也許，我們可以說「大學圈大行動」最創新的計畫是「長青合作社」。在二〇〇九年到二〇一二年之間，當地陸續成立了三家員工持有的公司，其中長青洗衣店是其中之一。這些公司最初的規劃，是為了滿足當地錨定機構的需求。

一切的開始，要從泰德在克里夫蘭發表的一場演講說起。那場演講是在社區財富建設小組的圓桌會議上舉行。如果那天克里夫蘭基金會的印第・皮爾斯・李（India Pierce Lee）沒有聽到他的演講，那麼就不會有我們現在的成果了。印第聽完演講之後，她邀請民主合作組織進行一項可行性研究，研究調查錨定機構對周遭低收入社區可以有多少程度的幫助。我們的前同事史蒂夫・杜布（Steve Dubb）和泰德進行了一百多個錨定機構人員的調查訪問：他們需要買什麼？有什麼東西是錨定機構可以在地購買的？最後他們利用研究結果，為那些員工持有的公司設計出一套商業策略，以滿足當地大學和醫療系統的需求。

計畫剛開始的時候，泰德每月都要通勤去克里夫蘭。「你知道，總有一天你會搬到這裡，成為我們的一分子。」印第曾這麼說，然後泰德笑了。一年之後，泰德真的在克里夫蘭住了下來。

於是，作為一個一直（快樂地）生活在華盛頓特區都會圈的人，泰德在這個「鐵鏽帶」城市建立了新家。他與在克里夫蘭基金會工作的印第和莉蓮・庫里（Lillian Kuri），以及錨定機構的領導階層，還有一個商業發展團隊，一起努力發揮創意、邊做邊想。畢竟沒有其他城市嘗試過這樣的社區財富建設。當泰德融入了這個社區以後，他才開始意識到，在那些他曾住過的城市和社區之中，他都與真正的「地方」失去了連結，但卻一無所知。

這個新路線起初也有很天真的一面。當「大學圈大行動」裡頭的執行長們說「全都算我們一份」的時候，我們以為這就代表長青洗衣合作社得到合約了。後來我們才知道，在有著兩萬六千名員工的官僚體制中，採購部門的喬（Joe）並不理會執行長說了什麼。這些醫院早已簽訂多年期的巨額合約。但其中也有一些小技巧。例如，大學醫院的行政首長史蒂夫・史坦利（Steve Standley）就說服了一家大型供應商將合約轉包給長青洗衣合作社。

有一天，當時擔任克里夫蘭經濟發展部主任的崔西・尼科斯（Tracey Nichols）打來電話，她幫忙找到了資金，「住房和城市發展局」（Housing and Urban Development）給了長青合作洗衣社一百五十萬美元的貸款，也給了「綠色城市種植者公司」八百萬美元的貸款以及兩百萬美元的補助金。此外，州政府也給了「長青能源解方公司」一百五十萬美元的貸款。[12]

而後，我們花了三年的時間和錨定機構的人員一起工作，才找到了一種真正和社區建立連結的方式。現在，我們發現一種更豐富的參與策略。事實上，

「進入大學醫院」這個計畫的發想就是來自於社區對話。當時在地居民因不得其門而入而感到失望。回想起來，我們當時應該同時從高層和底層著手。

## 組織龐大的團隊

對長青合作社來說，錨定機構的支持至關重要，但是卻還不夠。長青能源解方公司一開始在凱斯西儲大學等機構安裝大型太陽能發電系統，但後來也必須拓展到其他業務，例如：為許多客戶提供油漆、居家裝修和LED照明等服務。綠色城市種植者公司把產品賣給了一些非營利錨定機構，但是它也需要和其他大機構做生意。例如，他們獲得一份每年八十萬美元的合約，把羅勒葉賣給雀巢公司（Nestle）。[13]原本，溫室的維護帶來不少虧損。如今，它們和其他兩家員工持有的長青公司都開始獲利。

最近，最關鍵的錨定影響力在長青洗衣合作社出現。這家洗衣合作社在二〇一八年贏得了克里夫蘭診所的採購競標，承接了他們全部的洗衣業務。之後，洗衣店的起薪和之前的跨國洗衣公司相比上漲了百分之二十。一夜之間，一百名新員工搭上了公司所有權的便車。長青洗衣合作社的員工人數成長到一開始的三倍之多。[14]

隨著時間的進展，我們開始明白錨定作用實際上是一種複雜的社區組織策略。你所組織的其實是市場上的大型企業團隊。在民主合作組織，我們正在學習這個「規模化」的功課。現在我們的醫療錨定機構聯盟中，有將近四十個主要的非營利性醫院系統，員工總數超過一百萬人，其中五百億美元花在商品和服務，還有一千五百億美元用於投資。[15]所有成員都在一起學習，希望一起成為很有用的社區錨定機構。這個醫療錨定機構聯盟的成功也激勵了我們，讓我們啟動了一個由學院和大學組成的新聯盟。此外，我們也建立以地方為基礎的第三種聯盟，在這樣的串連之下，錨定機構能夠相互合作。[16]

我們必須知道，當我們組織在一起時比分開更強大。對官僚體制來說，徹底重新規劃流程是很困難的，所以人們需要互相支援，才能夠承擔風險來改變常規。另一方面，大家都想關心周遭的人還有我們稱之為家的地方。這樣關心家鄉的心情就是能聚在一起的關鍵，關心家鄉的心情就是凝聚人們的黏著劑。

## 回歸在地

讓焦點回到「地方」是矯正社會和經濟之間關係的一種方式。當初正是工業革命徹底改變了這種關係，從此讓工業成為單一的統治力量。歷史學家卡爾・波蘭尼（Karl Polanyi）指出，縱觀資本主義之前的歷史，經濟活動只是宗教、政府、家庭和自然界等等社會秩序中的一部分。而後，資本變成了王者，把勞動力和土地變成了市場上的商品。它們「可以買賣、利用和銷毀，就好像它們只是商品一樣。」波蘭尼寫道。但它們事實上只是虛構的商品，因為人類和地球無法真的化約成商品。[17]

錨定機構是回歸本土運動（localism）的一個重要部分，同時也讓我們重新想像「健康」的意義。參與錨定的這些醫院承認，醫療保健只占健康成果的百分之十到二十。其實，貢獻健康成果更重要的因素是「健康的社會決定因素」，也就是人們出生、工作和生活的條件。所以經濟發展是通往健康的道路，因為它改善了這些條件，避免了人們對醫療系統不必要的需求。[18]

上述這種模式規模化的潛力是超乎想像的。醫院和大學的經濟活動占了美國國內生產總值的百分之八點七，這是一個巨大的經濟活動領域。[19] 但同樣地，就像巨型戰艦的航行轉彎一樣，這些大型機構的轉型必然是緩慢的過程。

## 反對傳統，面對質疑

丹尼爾離開大學醫院的員工培訓中心後，我們拜訪了人力資源部的副部長金・謝爾尼克（Kim Shelnik）。和她在一起的是史塔西・萬普勒（Staci Wampler），她是「走向就業」（Towards Employment）非營利公司的計畫負責人（「走向就業」是「進入大學醫院」計畫的合作夥伴）。金解釋道：「在眾多幫助就業的計畫裡，這個計畫非常不一樣。因為你們聘僱的是一些從來沒有機會在正常篩選程序中脫穎而出的人。」她負責監督大學醫院的聘僱流程，在那裡每個月有一萬七千人申請一千五百到一千六百個職缺。「你們已經有了人選，」金繼續解釋：「你必須為這些人選留出空缺。」[20]

我們旁聽了一堂「進入大學醫院」計畫的課程，參與者是八名快要二十歲以及二十歲出頭的非白人女性。他們穿著裙子，一個接一個走出來接受模擬面試。討論的主題是手上的講義：「關於家庭和工作的反對意見守則」。講義裡有一欄寫道：在個人生活裡，「我要能夠按照自己的守則生活。」老師問：「你們同意嗎？」大多數人都舉手同意。「但在工作中就不一樣了，」老師解釋道，然後讀起講義：「做別人要你做的事，即使你不想做也一樣。」[21]

在這十天課程的第九天，招聘人員會來參觀。「我預計百分之百的學生都會被錄用，在大學醫院找到一份工作。」講師伊薇特・希律（Yvette Herod）在休息時間說道。「但有些人會拒絕一些工作。」她試圖向學生們解釋，如果他們繼續等，就要和上千人競爭。儘管如此，有些人還是沒有意識到這個事實。

金對我們說道：在正常的申請人當中，六十九人中只有一人會被錄用。「我們必須在傳統篩選之前，創造一個專門給當地居民的篩選。」如果大家覺得這好像違反了「傳統的公平程序」，她接著說，「是因為這是一種不一樣的公平程序。」在「進入大學醫院」課程裡畢業而錄取的員工，比傳統聘僱過程中錄取的員工更加成功，人員流動率也更低。「進入大學醫院」計畫在四年裡聘僱了兩百四十六名員工，其中百分之七十三的人在一年內都沒有離職。而用其他方式進來的員工，這個比例為百分之六十六。「這樣的情況前所未聞。」金說。

「所以這就是我們堅持下去的原因。」這裡面的祕訣是課程前六個月的職業指導顧問，金稱這為「獨家祕方」。職業指導顧問會幫助提升學生的軟技能，而這是讓員工流動率降低的主要原因。[22]

起初，「進入大學醫院」計畫遭受了同事們的質疑。金繼續說：「但我們沒有放棄。只是那時我的名聲岌岌可危。」還好隨著時間的進展，「進入大學醫院」證明這麼做的效果很好。[23]然而，在我們採訪的時候，這個計畫正處於危險之中。「說實話，我們負擔不起這個計畫，」金說：「除非我們找到更多資金，否則我們必須結束這個計畫了。」幾年來，克里夫蘭基金會負擔了「進入大學醫院」課程的這筆費用。後來他們找到了凱洛格基金會（Kellogg）的補助。現在，這個計畫每年的花費為兩萬五千到兩萬八千美元，大約每個人一千兩百五十美元。

當金說到這裡時，史塔西轉過身來向她報告有十幾個女性學員開始上新課程了。聽完後金停了下來。雖然金的聘僱團隊每年都面臨裁員，同時還招不到足夠的護理師，但突然之間，她的臉龐掠過一種接近幸福的滿足感。她放鬆下來，然後喃喃地說：「太好了。」

＊

儘管金和史塔西的工作前景光明，而且大學醫院和「大學圈大行動」有非常多的資源可以造福在地社群。但事實是，所有這些努力都是在逆流而上，因為這一切都和當今榨取式經濟的洪流為敵。讓我們回顧一下丹尼爾被他前雇主解雇的時候，那時是在二〇一四年，當時他的工廠需要削減三百萬美元的支出。財務報表顯示，那家跨國公司在全球的營業額超過九百億美元。和前一年相比稍微下降。但是利潤卻大幅成長，從百分之十一成長到百分之十六。[24]

當營收下降而利潤上升時，這代表支出減少了。而最大的支出通常是勞動力。簡而言之：資本收入透過減少勞動收入而增加。所以，那家跨國公司之所以利潤增加了，很可能是透過解雇員工來實現的，也就是從公司位於一百多個國家中的四百多家工廠中進行解雇。這不是刻意的殘忍，畢竟這家公司其實也對克里夫蘭的貢獻很大。但就像所有在股票市場進行股份交易的公司一樣，它也受到了經濟制度的侷限。

在這個經濟制度中，對人類生活的破壞不會被記錄下來。因為更重要的記錄會取而代之：每股盈餘（EPS），也就是能帶給股東的利潤。就像記者亞力克斯・貝倫森（Alex Berenson）所觀察到的，「每股盈餘，比其他任何數字都更能決定一家公司的股價是漲是跌、決定公司執行長是獲得獎勵還是被解雇、也決定公司是會建立新總部還是會進行裁員。」簡而言之，「每股盈餘是犧牲其他所有數字的數字。」[25]

二〇一四年，丹尼爾所在的公司每股盈餘從三美元增加到四美元，股價從六十六美元上升到七十多美元。丹尼爾失業的那一年，公司董事長賺了六百萬美元，這筆錢就是他營運績效的獎勵。

# 第五章

# 好工作原則

## 勞動先於資本

家庭護理夥伴合作社——以勞工為中心的經濟

「工作這件事，如果是在有人性尊嚴和自由的情況下適當進行，就會造福工作的人以及他們的產品。」

——恩斯特・舒馬赫（E. F. Schumacher）

「我從來不知道他們每週會給我多少工作時數，我也從來沒有足夠的工作時數，所以沒辦法拿到一份不錯的薪水。公司沒有給我醫療保險，也沒有給我任何員工福利。」奧克塔維婭・馬丁（Octaviea Martin）是兩個年幼孩子的母親，她在這家位於布朗克斯（Bronx）的機構擔任了四年的家庭健康助理，負責照顧身障人士和老年人。她的經歷是一百八十萬家庭健康助理的典型樣貌。這類的勞工中百分之九十是女性，絕大多數是非白人，大多來自移民社區。他們要嘛正領著政府的福利救濟金、要嘛剛領完，通常沒有唸完高中，於是在醫療照護體系中擔任較低階的工作。他們所面臨到的，正是今天數以百萬計的勞工所面臨的問題：不穩定的兼職、幾乎沒有保險、得不到人們的尊敬。[1]

後來，奧克塔維婭在南布朗克斯一家以員工為中心，但同時也以營利為目的的公司找到了工作，公司名稱是「家庭護理夥伴合作社」（Cooperative Home Care Associates）。這個工作和上一個工作的差別很明顯。在家庭護理夥伴合作社，她享受著穩定的收入、健康保險、固定年假，以及需要幫助時可以求助的人。[2]

在一九八五年，「家庭護理夥伴合作社」因一項社會實驗而成立。成立的目的是為了幫家庭健康助理們創造良好的工作環境，同時在這個過程中，為低收入戶和身體孱弱的客戶創造品質更好的照護。無論是作為一種商業模式，還是作為民主式經濟的一種模式，這家公司都非常成功。公司的營業收入現在超過六千五百萬美元，而且已經有三十三年的歷史，其中只有三年是沒有獲利的。這家公司也是一間由員工全資持有的合作社，現在有兩千三百名員工，其中約一半的員工持有公司所有權。此外，這家公司是經過認證的「B型企業」，這代表說公司存在的目的是為了公共利益而服務，而且這樣的目標已經深植於它的管理架構之中。

在這個世世代代皆受到失業困擾的移民社區，這家公司每年聘僱和培訓六百多名勞工，並在培訓結束時提供他們工作。一旦找到工作，員工們就會得到個案經理和導師兼同事的幫助，讓他們能找到托兒所或是解決移民問題和工作問題。透過工會、勞工管理委員會還有八個勞工董事（董事會總共十四個席次）的投票權，員工能行使發言權。公司給的福利豐厚，同時也在努力創造每週至少工作三十五小時的全職工作職位。

這類照護工作並不輕鬆，薪水也不高。但是，員工留了下來。現在，家庭護理夥伴合作社的員工流動率為百分之二十到二十五，不到同行平均水準百分之六十六的一半。[3]辦理企業認證的「B型企業實驗室」（B Lab）已經將家庭護理夥伴合作社列為少數幾家「世界上最棒的公司」，主因在於它能創造積極正面的社會影響力。[4]

## 好工作的危機

家庭護理夥伴合作社被稱為「人類尊嚴之島」。[5]在全球榨取式經濟制度不斷壓榨勞工的背景之中，這家公司的確像是一座孤島。在歐洲、美國、日本和其他富裕國家，勞工的工資即使最近有小幅上漲，長期來說還是停滯不前。[6]

在美國，有保障的工作已經讓位給無保障、兼職、約聘、零工經濟的工作，還有更多的工作受到自動化生產的威脅。這樣的結果是中產階級的瓦解和薪貧族的膨脹。那些有幸保留全職工作的勞工，往往面臨著沉重的工作負擔或毫無意義的工作內容。面對這一切，下一代的前景似乎很黯淡。我們正處於一場大規模的危機之中，因為缺乏好工作。幾十年來，工作和勞工的危機不斷在無聲無息之中惡化。

經濟學家們絞盡腦汁也想不通，為什麼在失業率大幅下降的同時，工資卻在幾十年裡幾乎沒有上漲。他們對這個問題的原因沒有共識。《紐約時報》說這問題是「謎」，也是「經濟難題」（economic puzzle）。研究人員則指出，原因在於工會力量的衰退、全球化、外包、共享經濟和自動化等這些看起來像是完全不相干的力量。在二〇一八年葡萄牙辛特拉（Sintra）舉行的歐洲央行會議上，賓州大學經濟學教授阿維夫・內沃（Aviv Nevo）發表了一段頗有說服力的評論。他在總結經濟學家對工資波動的不確定性時，說道：「我們像醉漢一樣只看燈柱下的東西。」[7]

這是一個關於找鑰匙的老笑話：只在光線好的地方找鑰匙，而不是在掉了鑰匙的地方找。如果我們踏出明亮地帶的主流觀點，我們會發現資本不斷榨取勞工的這個黑暗事實，還有資本偏見是如何導致工資停滯不前，也導致對勞動的偏見。這些都是當今經濟體系的內在邏輯和遊戲規則。

## 在公司使命和管理之間找到平衡

家庭護理夥伴合作社則是用另一種內在邏輯來驅動，也就是「好工作原則」。這家公司在入口處的一面黃綠色牆壁上醒目地寫著它的使命：「透過創造高品質的工作，致力於提供高品質的醫療服務。」走進他們公司位於南布朗克斯（South Bronx）那間一塵不染的辦公室，你會在接待人員的臉上看到一種微妙的神情，也許是無憂無慮，又或者是表達了一種歸屬感。

「在一九八〇年代，公司做得很辛苦，」坐在接待處走過來轉角的辦公事裡，麥可・埃爾薩斯（Michael Elsas）說道：「那時沒有人關心勞工。」在二〇〇〇年，這位滿頭灰髮，鬍子修剪整齊，穿著藍色牛仔褲、休閒西裝和牛仔靴的白人男子來到家庭護理夥伴合作社擔任董事長。他在位的十六年之間，員工人數從五百人成長到現在的兩千三百人。二〇一七年，他轉任顧問，現在他退休了。[8]

家庭護理夥伴合作社現在由非白人女性安卓麗亞・鮑威爾（Adria Powell）掌管，她是共同創辦人佩吉・鮑威爾（Peggy Powell）的女兒。安卓麗亞在高中時就開始在這家公司做兼職。現年四十多歲的她從二〇一七年一月以來一直擔任董事長。安卓麗亞每年收入是二十萬美元，和之前的麥可一樣多。「合作社的董事長從來沒有拿過比公司最低工資高過十倍的薪水，現在依然如此。」她說。[9]

「十倍薪資是我們社會應該追求的目標。」麥可說。他繼續指出，相比之下，美國最大的三百五十家企業的執行長，他們的薪資酬勞是普通員工的兩百七十一倍。[10]

雖然家庭護理夥伴合作社重視公司和社會使命，但它仍然是一家營利公司。「如果你不能好好管理公司，」麥可說：「你還是會有一間合作社會有的門面，但你就不是在做生意了。」他繼續說：「家庭護理這行不是一件容易的事。我們在員工和後勤部門進行了大量的投資，也要確實記帳、收款和遵守法律。這一切都代表你必須有專業。」[11]

他也說，同樣必須強調的是「我們不僅僅是要做生意」。當管理階層建立新流程時，「我們會想：什麼對家庭護理勞工才是最有利的？」麥可繼續說，「但讓所有員工們都來經營，並不是最有利的結果。」共同創辦人瑞克・瑟平

（Rick Surpin）會同意這一點。正如他曾經說過，他的願景是「參與式」管理，而非「集體式」管理。[12]（集體式管理是完全沒有階層的組織架構，其中每個成員都有相同、平等的決策權。）

## 改變所有權：從榨取到歸屬

「要把我們在這裡的做法全部放到一家上市公司裡是很困難的。」麥可說。最開始，家庭護理夥伴合作社是由瑞克工作的非營利組織「社區服務協會」（Community Service Society）扶植成立。當時，該協會希望成立員工持有的公司，藉此來創造就業機會。所以社區服務協會承擔了家庭護理夥伴合作社初期的風險，然後當業務穩定下來之後，才把公司的所有權轉移給員工，為的就是確保員工利益會是最優先的事項。[13]

在這裡，員工們有機會提升自己的專業技能，因為百分之四十的行政人員也都來自這個領域。此外，安卓麗亞也說：「我們有三百名員工接受了培訓成為公司的社區大使。他們會深入社區，談論合作社的理念，同時解釋為什麼地方應該和我們做生意。」[14]

員工們有各種各樣的正式發言權，包括投票選舉董事會成員，以及在解決衝突的關鍵管道「勞資管理委員會」中任職。然而，最重要的是員工能在公司感受到一種歸屬感。正如共同創辦人佩吉所說：「重要的是擺脫那種局外人的感覺，而這個地方能讓你有歸屬感。」[15]多年前，口述歷史學家露絲・格拉瑟（Ruth Glasser）和傑瑞米・佈雷徹（Jeremy Brecher）曾做了一份厚厚的調查報告來研究這家合作社的企業文化，其中合作社的職員（Betsy Smulyan）提到，比起正式的投票權和管理權，非正式互動例如到辦公室，與人聊天，更能帶給員工歸屬感。對經常需要獨自工作的家庭照護人員來說，那種健康的歸屬感非常重要。[16]

從這家合作社的運作之中，我們可以看到公司的本質出現微妙而無意識的轉變。對於把投資者當作中心的企業，企業會被視為客體。這是身處公司之外的所有權人會有的觀點，因為他們就是試圖從公司裡榨取財富。然而，當所有權人身處公司內部、每天工作時，公司的本質就發生了變化。公司從客體變成了社群。所有權也從純粹經濟上的榨取，轉變為人與人之間的歸屬。

## 為公司使命建立強大的生態系

一個尋求利潤最大化的企業，會在居家照護產業選擇一個不同的利基市場。另一方面，家庭護理夥伴合作社的主要服務對象是接受政府醫療補助保險的族群，也就是窮人和身障人士。當然，他們不會是最賺錢的客戶。

合作社的核心目標是提高員工薪資，但這其實非常有挑戰性。在一九九七年，讓家庭護理夥伴合作社引以為榮的是，他們支付給員工的薪資和福利，比起同行的正常水平高出百分之十到二十，另外員工每年還能獲得兩百美元到四百美元不等的股利。[17] 隨後，用於家庭醫療的公共資金被削減了百分之四十，五分之一的同行機構關門大吉。幸好，在當地錨定機構例如「紐約護理訪問服務中心」（Visiting Nurse Service of New York）的大力支持下，家庭護理夥伴合作社倖存了下來。因為合作社出色的服務，使這個占紐約市市場百分之六十的紐約護理訪問服務中心，願意付出更好的價格與他們合作。[18]

家庭護理夥伴合作社也開始著手改變市場本身。他們創辦了一家非營利政策與諮詢機構「輔助專業醫療協會」（Para-professional Healthcare

Institute）。這家機構負責為合作社提供培訓，並幫助所有家庭照護工作者提升他們的最低工資。[19]合作社的創辦人瑞克・瑟平離開之後，也創辦了另一個非營利組織「獨立照護系統」（Independence Care System）。這個組織建立了一個以政府醫療補助（Medicaid）為基礎的長期照護計畫，服務對象是成年身障人士和老年人。到了二〇一八年，它已經發展成一個營收四點五億美元的大企業，約聘了超過一千一百名家庭護理夥伴合作社的家庭助理。經過二十多年的努力，「獨立照護系統」已成為家庭護理夥伴合作社增長的主要引擎。然而，在二〇一九年春天，獨立照護系統開始進行大規模的公司重組，最後切割成幾個較小的新組織來重新開業。與此同時，他們也讓原本合作社的客戶轉移到「紐約護理訪問服務中心」。而這些變化對合作社的未來長期發展來說，存在不確定性。[20]

但無論如何，複製家庭護理夥伴合作社的成功模式，已經變成家庭照護產業發展的引擎。現在已經成立或正在籌備的類似家庭照護機構已經有十五家。[21]這場改變運動的領跑者之一是由史蒂夫・道森（Steve Dawson）創辦的「產業合作社聯盟」（Industrial Cooperative Association）集團。家庭護理夥伴合作社成立時，該集團透過技術支援和貸款（來自「地方企業援助基金」（Local Enterprise Assistance Fund）的資金）幫助了他們。現在獨立照護系統已經在全美五個州幫忙成立家庭照護公司。三年以來，「合作社發展基金會」（Cooperative Development Foundation）甚至為這場改變運動每年舉行一場會議，也就是全國家庭照護合作社會議（National Home Care Cooperatives Conference）。22

這個產業成長的潛能非常巨大。到了二〇二四年，家庭健康助理的工作職缺預計將增加一百萬個。產業合作社聯盟集團的執行長大衛・哈默（David Hammer）告訴我們：「員工所有權制度對這個行業來說，具有獨特的附加價值。」因為這種制度透過更高品質的服務和更低的員工流動率，創造了競爭優勢。大衛相信，員工合作社將主導這一塊利基市場，而安卓麗亞也同意這個觀點。23

私人企業傾向於避開像這樣的低利潤產業，就像它們傾向避開鄉村地區的電力建設一樣。現在，鄉村消費者所擁有的電力合作社，占據了鄉村電力產業的主導地位。很有說服力的是，全國家庭照護合作社會議就是在一間由九百家鄉村電力合作社共有的金融公司裡舉行。這家金融機構名為國家鄉村公用事業合作社金融公司（National Rural Utilities Cooperative Finance Corporation），它的規模比任何人想像的都還要大。它擁有兩百五十億美元的資產。[24]這個數字也讓我們知道，合作社在利基市場占據主導地位時，能夠成長到多大的規模。

## 被操縱的工作遊戲

在創立更多類似家庭護理夥伴合作社的運動之中，共同的目標是守護好工作。這和榨取式經濟的目標形成了鮮明的對比，因為後者不斷在系統性地裁減員工或降低人力成本。根據報導，二〇一八年美國的失業率低到約為百分之四。然而，這個數字只包括了在過去四周內曾經求職的失業者。當我們把求職期間延長到一年，同時納入希望找到全職工作的兼職員工，失業率其實是表面上的一倍，達到百分之八。[25]

此外，未充分就業的人口更加龐大。美國審計總署在二〇一五年的一份報告中估計，臨時雇員（例如短期勞工、兼職勞工、自由業、約聘勞工或共享經濟中的勞工）占了所有勞工的百分之四十，這個數字令人瞠目結舌。[26]

近幾十年來處於全國收入分布下半部的一億一千萬勞工，他們的收入只有些微增加。[27]這一點也不足為奇，因為生產力的果實都流向了資本。近幾十年來，國內生產總值流入企業利潤的比例多了一倍，從百分之六成長到百分之十二（見圖一）。[28]

這種經濟體制帶來的是人類生活的疲乏和破碎。失業人士所患的眾多疾病包括壽命減少、心理失志、慢性病增加和類鴉片藥物成癮。某種程度來說，從失業中復原甚至要比從愛人的死亡或人生的傷痛中復原來得更難。好的工作帶給我們的不僅是收入，還有認同感、自我價值感、有目標的能量感，還有一種在社會中積極發揮作用的自豪感。[30]

我們的經濟制度偏袒資本而不是勞動，這對多數人的福祉來說是有害的。一個關鍵原因是現時資本至上的「所有權」觀念。因為這樣的觀念，上市公司與股東之間脆弱的關係才變得高貴，但在交易市場上甚至有一些不知道公司名稱、只持有幾分鐘股份的「股東」。與此相對，每天在公司真正創造財富的員工被剝奪了所有權。

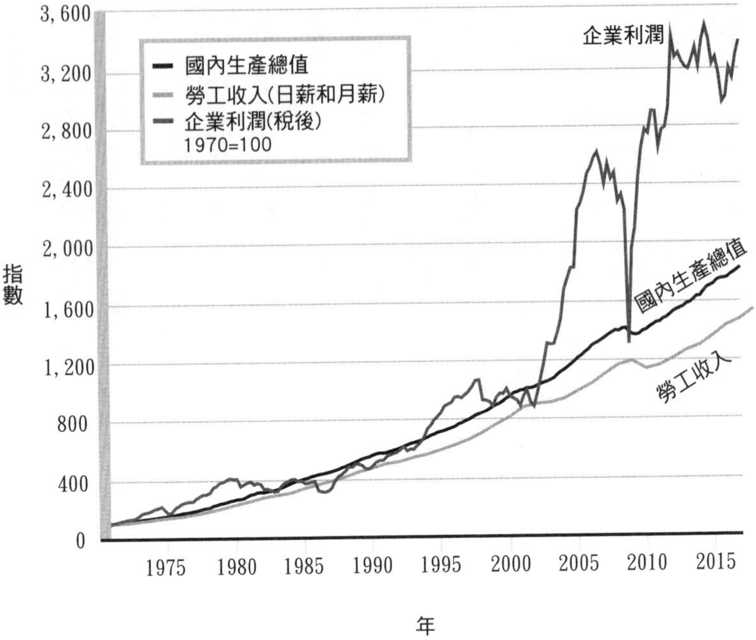


圖一　自一九七〇年以來的企業利潤（Corporate profits）對比國內生產總值（GDP）再對比勞動收入（labor income）。[29] 此指數將三種成長趨勢放在同一尺度上，以便於比較成長率。（資料來源：美國商務部經濟分析局）

一個為全體人民繁榮而設計的經濟制度，也會是一個特別重視勞動的制度。在這樣的社會制度中，勞動者理應擁有充分參與經濟的權利，就像黑人和婦女贏得了充分參與政治的權利一樣。用湯瑪斯・潘恩（Thomas Paine）的話來說，民主的一個關鍵原則就是在於關心普通人以及「是否他能享用到自己的勞動成果」。潘恩的願景是「每個人都是所有權人」。用通俗的話來說就是：每個員工都是老闆。[31]

要創造以勞工為中心的經濟制度，資產所有權是必要條件。此外，在家庭護理夥伴合作社的生態系中，我們可以看到其他方法也是必要的，包括提高最低工資、工會、政策保護和錨定機構的支持等等。

## 勞動力作為一種要被削減的成本

要讓勞動優先於資本，最重要的是改變我們對於勞動本質的看法。一九七三年，英國煤礦經濟學家恩斯特・舒馬赫（E. F. Schumacher）發表了一篇開創性的論文《佛教經濟學》（*Buddhist Economics*）。其中，他挑戰了我們在潛意識裡對於工作和勞工的假設。他說：「我們傾向把工作看成是一種必要之惡。」對於雇主來說，工作「只是一項必須盡可能削減到最低的成本，尤其當這個成本不能用自動化等方式來完全消除的話。」另一方面，從勞工的角度來看，工作是一件讓人不愉快、讓人不情願的事，而休閒娛樂更讓人喜歡。「因此，從雇主的角度來看，理想狀態是沒有勞工就有經濟成果，而從勞工的角度來看，理想狀態是沒有工作就有收入。」[32]

在以資本為中心的經濟制度中，擁有資本、免於勞動的人就會在社會上高人一等，而被迫勞動的人則是社會上的低等族群。對此，舒馬赫提出了批評。他認為工作能夠激發我們心中最好的一面，同時讓我們實現自己最棒的潛能。舒馬赫說，如果把勞工的工作安排得「毫無意義、枯燥乏味、單調呆滯，那麼簡直就像犯罪一樣。」[33]

將工作視為發展人類才能的一種方式就是家庭護理夥伴合作社的目標。「我常常覺得自己的存在無關緊要。而且我覺得大多數出生在勞動階級的人，都覺得自己的存在對社會來說無關緊要。」共同創辦人瑞克・瑟平（Rick Surpin）曾這麼說。透過合作社，他們的目標是創造一個場所，「讓無關緊要的人可以感覺到自己的重要性和價值。」他說。[34]

要達到這個目標就必須賦予勞工更多重要的角色和更多的權力，但在工作場所建立這樣的企業文化也比想像中來得複雜。家庭護理夥伴合作社的共同創辦人承認，在經營一家成功企業和實現上述文化的理想之間，存在不可避免的衝突和張力。佩吉回憶說，在最開始，「我們把自家企業的形象描繪成人人平等的樣子。」然後當管理階層開始行使他們的權力後，「我們開始被質疑成偽善。」[35]

在就業環境中擁有平等的尊嚴，並不代表必須捨棄管理階層。員工不會投票決定公司的每一個決策，就像城市裡的公民不會投票決定接下來要鋪哪條路一樣。任何社會制度，例如一座城市、一個國家、一間工作場所的制度，都需要稱職的管理人員。而這樣的人員必須根據能力來選擇，並透過員工的授權讓他們執行管理工作。

家庭護理夥伴合作社最令人讚嘆之處似乎不在於員工的投票權，而是在於它民主的目標。這家公司關注的焦點，在於為低收入黑人婦女、拉丁裔婦女和移民家庭的婦女創造良好的工作和生活。用羅尼・加爾文（Ronnie Galvin）（我們在民主合作組織的同事、擔任參與實踐部門的副主管）的話來說：「這些婦女正站在性別、種族和階級偏見的交會點上，如果我們沒有在運動中強烈地關注這些婦女的現實生活，那麼我們就只能在體系的邊緣做一些粗劣的修修補補。」他寫道，「但當我們把工作重點放在這群最邊緣化的人身上時，我們相信這意味著全部人都將受益。」[36]

## 我們的人生戰鬥

如今，家庭護理夥伴合作社正與日益嚴重的逆風搏鬥，它正在努力扭轉員工所有權人數減少的局面。一名員工要成為公司所有權人需要支付一千美元，其中大多數人預付五十美元，其餘款項透過每週工資固定扣除三點六五美元。而這些員工在離職時都可以拿回那一千美元，同時還可能領取股利。但在最近，有四個年度合作社都沒有辦法發放股利。更糟的是，家庭護理夥伴合作社從其他機構雇用了數百名員工，但他們不一定有時間教育新員工、讓他們了解員工所有權的觀念。於是，員工所有權人的人數從二〇〇七年的百分之七十降到現在只剩下不到百分之五十。

但這個數字在過去兩年中一直在上升，安卓麗亞說。在二〇一七年和二〇一八年，合作社發放了股利，其中二〇一七年的平均工資是八百美元，創下歷史新高。員工所有權人的人數已從八百五十人的低點反彈到一千一百人。安卓麗亞強調：「我們和人力資源部門的人說，員工所有權是我們的根基，我們需要回到這個問題上。」她補充道，新成立的「員工所有權認證」（Certified Employee-Owned）機構（此機構提供員工所有權公司專業認證和品牌行銷的服務）讓合作社在行銷方面獲得驚人的幫助。[37]

今年二〇一九年，紐約州新的法定最低工資開始生效，達到每小時十五美元。與此同時，公司償還率卻沒有跟上步伐，現金流成為一大挑戰。安卓麗亞說，醫療補助費率增加是工資上漲的因素之一，但長期照護計畫不一定會將收費的漲幅反應給家庭護理夥伴合作社等醫療照護機構。於是合作社可能每小時都在虧錢。「我們總共付出三百萬到五百萬小時的時間，你算算看有多少錢。」[38]她說。合作社正在聯合其他三十八家走在正確道路上的雇主，一起和「服務業雇員國際工會」（Service Employees International Union）的「1199地方分會」

（Local 1199）[*12]商談解決方案，例如確保照護計畫會遵循相關法規付款。安卓麗亞說：「對於我們這些人來說，因為有 1199 地方分會的幫助，工會將會確保立法得以實施。但不是每個機構都能得到這樣的幫助。」[39]

與此同時，非營利組織「獨立照護系統」的重組以及重組所帶來的不確定性正在蔓延。「我們不斷持續人生的戰鬥，」安卓麗亞告訴我們。而二〇一九年將會是關鍵的一年。不過正如她所言：「無論如何我們已經準備好，至少在未來的三十年裡盡一切可能留在此地。」[40]

*12 「1199 地方分會」是「服務業雇員國際工會」最大的地方分會，成員主要來自紐約州，總共約有三十萬名會員。該地方分會也聲稱是世界上最大的地方分會。

# 第六章

# 民主所有權原則

## 為新時代設計新企業

員工持有所有權的公益公司——EA工程公司

「畢竟，資本主義和商業活動幾乎是同義詞：資本主義是歷史學家用來描述整體制度的抽象術語，商業活動則是用來描述制度如何日常運作的通稱……而從長遠來看，資本主義必然會發生變化，它會逐漸讓位給另一種截然不同的社會制度。」

——羅伯特・海爾布隆（Robert Heilbroner），寫於一九六五年[1]

「我們把商業活動當作一種良善力量……經過認證的『B型企業』是一種新型態的商業，這樣的商業將會平衡社會目標和公司利潤。」

——B型企業網站，寫於於二〇一八年

「這些都是已經退休的魚，」麥可・查諾夫指著魚缸裡六條有斑點、身長六英寸的魚說道。牠們懶洋洋地圍著一片假的棕櫚葉游來遊去。「虹鱒魚是比較敏感的生物之一。」他解釋道。這些魚通過了水質實驗室的水質檢驗，安然無恙。現在牠們功成身退了。[2]

麥可用手指了指水質實驗室，這是一座低矮的白色倉庫，緊鄰「EA工程、科學和技術公益公司」（EA Engineering, Science, and Technology, Inc., PBC）的總部。EA工程公司是一家位於馬里蘭州杭特谷（Hunt Valley）的環境顧問公司，他們經營著這個生態毒理學實驗室。「我們正在養水質檢驗用的生物，」他繼續說道，同時指著八個淺圓的盤子，每個盤子裡都放著十幾隻水蚤。「所有的水蚤都才出生不到二十四小時。」他說，牠們都是透過複製技術誕生的。如果這些水蚤不能繁殖，那就是水質有毒的一個指標。

麥可讓我們看了其他生物，例如一隻名叫凱文的螃蟹、黑頭鰷魚、大西洋紫色海膽。大西洋紫色海膽是色彩鮮豔、多刺的生物，裝在一個布朗尼烤盤大小的塑膠箱裡。「牠們全部會被放到酒廠的廢水中，最後必須安樂死。」麥可說。我們這才知道虹鱒魚其實很幸運。

EA工程公司用這些生物來檢驗水質。這是為了尋找違反環保法規的行為。而違規的代價高昂，例如馬里蘭州一座發電廠最近付了兩百萬美元的罰款，並升級了廢水處理設施。[3] EA工程公司的實驗室每年進行一千五百次檢驗，而這只是公司廣泛業務的一部分。現在，該公司擁有五百多名員工，年收入一點四億美元。

這間公司廣泛的業務包括：在關島測試低維護的生態工法，用當地植被來減少河岸侵蝕；為西維吉尼亞州的一家市立發電廠做研究，觀察發電廠排水對當地魚類的影響；清理安大略湖一處關閉的國防設施，該設施曾用於製造化學武器原料。就像公司的聲明中所提到的公司使命：EA工程公司的工作目標是「改善環境品質，一個一個來。」

EA工程公司仍是一家營利公司。然而，這樣做是為了平衡社會使命和公司利潤，而不是不惜一切代價讓利潤最大化。他們發現這樣的細微差別至關重要。

此外，這家公司罕見地經歷了榨取式和民主式經濟兩種所有權制度，而且就像那隻退休的魚一樣，公司存活了下來，現在過著更人道的生活。如今，公司完全由員工持有。而且，EA工程公司是以公益公司的形式註冊成立（所以公司名字中包括PBC的簡寫）。公益公司的形式意味著公司的核心使命是造福整體社會，而不僅僅是造福公司股東。

EA工程公司體現了民主所有權原則，也就是：公司對公共利益有既定的承諾，並且資產所有權由一般人廣泛持有。這是邁向公平和永續發展的新時代企業設計原則。EA工程公司尋找這類設計的曲折過程，將會值得我們好好參考。

## 繞道那斯達克的高昂代價

在許多企業家的心目中，讓一家公司上市在證券交易所進行股票交易，就是夢想成真。然而，對於EA工程公司的創辦人勞倫・詹森（Loren Jensen）來說，這樣的夢想卻變成了噩夢。

勞倫是一名研究濕地和湖泊等淡水水域的湖泊學家。他曾接受過瑞秋・卡森（Rachel Carson）[*13]的指導。二十世紀七〇年代初期，美國國家環境保護局（Environmental Protection Agency）剛成立，《淨水法案》（Clean Water Act）在國會通過。當時，勞倫在約翰霍普金斯大學當教授，也開始接一些公司顧問的工作。一九七三年，他離開大學，創辦了一家顧問公司，公司名字最初叫做「生態分析師」（Ecological Analysts），找來了一群水生生物學家擔任員工。這是最早從科學的角度而非工程的角度來處理環境問題的公司之一。

現在已退休的勞倫在接受Skype採訪時回憶道：「剛進入這行的時候，我們和六個優秀的客戶合作，幾年後，我們就有了七八十個客戶。」「大家鼓勵我們擴展到全國。要這麼做的話，我們需要資金。」那時，公司的顧問全都鼓勵勞倫將公司上市。[4]

一九八六年，他將公司上市了。一直到一九九〇年代，公司的股票都還在納斯達克上市交易。但是最初的成功最終變成混亂，接下來EA工程公司換了三任董事長，員工士氣暴跌，最後公司因為錯誤的會計報告而受到美國證券交易委員會的調查。

為了取悅華爾街，他們從外部請來一些高階主管。資深科學家比爾・盧（Bill Rue）跟我們這麼說：他們看起來像「安隆公司[*14]那一類的人」。談到這個話題的時候，我們正坐在他們公司總部的一間小會議室裡。那是在「能源與環境設計領導組織」（Leadership in Energy and Environmental Design）所認證的白金建築裡（這是一種綠色建築認證，白金是最高等級）。比爾一邊說著，一邊從可分解的杯子裡啜飲了一口。「那時，像是家庭一般的公司氣氛消失了。」[5]他繼續說道。取而代之的是追求數字。股價取代了有品質的工作和職業精神。

有一天在會議後，勞倫邀比爾去散步，然後問他：「你覺得最近怎麼樣？」「我覺得不太好受，於是我告訴他某位主管並不是在為整個公司著想，他只是在為自己著想。」比爾回憶道。三周後，那位主管離開了。

之後，勞倫和一名持股低於百分之五十的合夥人一同回購取得了公司的控制股權。之後外部主管們被開除了。現任董事長伊恩・麥克法蘭（Ian MacFarlane）告訴我們，那些外部主管的做法與公司的環保目標並不相容，因

---

*13 瑞秋・卡森（1907-1964）是美國海洋生物學家、著名環保運動人士。她的著作《寂靜的春天》和其他的環保文章啟發了世界各地的環保運動人士。

*14 安隆公司是一家美國著名的能源服務公司。因為管理不善，且長期在會計上做假帳，最後於二〇〇一年破產倒閉。倒閉前公司總共聘僱了近兩萬九千名員工。此事件後來被稱為「安隆醜聞」。

為「追求環保的使命不能被每季盈餘取代。」那是二〇〇一年的事。6

## 買回理智

二〇〇一年末，安隆公司（Enron）的醜聞爆發。無數的公司，例如美國的安隆、泰科（Tyco）、世通（WorldCom）、阿德爾菲亞（Adelphia）和安達信（Arthur Andersen）、歐洲的帕瑪拉特（Parmalat），以及其他公司，都被發現做假賬以保持高股價。令人擔憂的是，不道德的領導階層在榨取式經濟中無處不在。

「股東們只想發財，」勞倫告訴我們：「我不是要貶低資本主義，但事實上就是，如果不能獲得投資回報的話，沒有人會想買股票。這給我們這樣的公司帶來的問題是，他們混淆並損害了公司的目標。在那種情況下很難管理公司。」

當勞倫透過 Skype 講話時，他給人的印象是一個說話直率，但不會亂說話的人，就像善良的叔叔。伊恩說，勞倫在公司灌輸的其中一個價值是「謹慎」。

「說到謹慎一定會想到勞倫。在其他公司，誰能有像他一樣的核心價值？如果我們用不到全部的錢，用不到的部分就會還給客戶。」EA工程公司一直專注於和客戶之間的親密關係，也專注於保護生態系的健康。這間公司有一種與股市爆衝文化不相容的情感。

勞倫說：「我覺得我們在股票市場上度過的那些年，教會了我們許多事，只是那是透過鞭打的慘痛教訓才學會的事。透過教訓，我們馬上知道自己必須回到公司的初衷，理解環保問題並知道如何應對。」

那時，勞倫聘請了他的女婿彼得・奈（Peter Ney）擔任財務長（後來他被《巴爾的摩商業日報》（*Baltimore Business Journal*）譽為「最佳財務長」）。[7] 二〇一四年，彼得和伊恩牽線讓勞倫和他的少數派合夥人買回股權，然後開始向員工持股計畫的所有權制度邁進。與此同時，他們把位於德拉瓦州（Delaware）的分公司重新註冊為公益公司，然後宣布了一項具有約束力的承諾，也就是在社會目標和公司利潤之間取得平衡。

二〇一二年，現任董事長伊恩・麥克法蘭在侄子的婚禮上與賓客克莉絲蒂娜・福伍德（Christina Forwood）交談時，得知了公益公司的想法。克莉絲蒂娜在「B型企業實驗室」工作。這個非營利性組織發明了「公益公司」這個概念，並在全美三十四個州實施認證。「我對自己說，這樣考慮一下不是很棒嗎？」伊恩回憶道。財務長彼得則認為，員工持股計畫非常符合勞倫的目標，也就是持續勞倫遺留下來的公司文化。

員工所有權和公共利益目標，這兩個公司設計的要素，剛好完美結合在一起。將公司控制權交給有使命感的員工所有權人，能讓EA工程公司找回它的特色，並讓財務健全。彼得解釋說，透過員工持股計畫，公司利用自己的財務實力買斷了創辦人的股份。「我們之前已經在做一些類似員工持股計畫的事了，所以其實一點也沒有變。」伊恩補充道。[8]

從那時候開始，EA工程公司一直在賺錢。新設計帶來的法務成本和相關支出為七十五萬美元，但這個支出「遠遠低於一年節稅能省的金額。」彼得說道。作為一家完全由員工持股計畫信託所有的S型股份有限公司，[*14] EA工程公司不用把獲利拿去繳納營利事業所得稅。當員工處於較低的稅率級距時，公司獲得的利潤會轉給員工。只有員工退休或賣出持有股份的時候，才需要繳稅。

在勞倫把公司出售給員工持股計畫時，還獲得了額外的個人稅務優惠。作為退休福利，公司員工則免費獲得了股份（這點和員工合作社不同，合作社員工需要購買他們的股份）。隨著股價上漲，員工會得到更多；在員工持股計畫的前十二年中，股價翻了四倍（這和員工合作社也有所不同，合作社的股價保持不變）。資深科學家比爾・盧在EA工程公司工作了三十八年多，他告訴我們，他的退休帳戶裡有六位數的金額。今天公司裡沒有一個人擁有超過百分之五的所有權。

## 促進員工參與

有了員工所有權制度，「我們都感到更平等」，比爾說道。「但公司仍然不是由員工控制的，」資深工程師芭布・魯普（Barb Roeper）也在房間裡，她

*14 S型股份有限公司是美國聯邦所得稅中的一個類別。此類公司不需要繳納營利事業所得稅。取而代之的是，S型股份有限公司會將收益或損失平均分配給股東，由股東各自提報所得稅。因此，員工持有的S型股份有限公司，能透過這些相關規定達到節稅的效果。

補充道。「大家會希望擁有更多發言權，但這可能會變得沒效率。」她繼續說。與許多員工持股計畫一樣，EA工程公司的員工所有權人不會用投票來選出董事會成員（相比之下，在員工合作社中，全部的員工所有權人都有投票權）。員工持股計畫的受託人通常由管理階層任命。然而，比起法律上的規定，EA工程公司在重大決策上給了員工更多的投票權，伊恩解釋道。

芭布說，在安隆式的舊領導風格之下，公司的任意裁員很常見。「現在我們有一個開放的公司政策，」她繼續說。「它變得更鼓勵大家參與。千禧世代的員工想要更多這樣的制度。」現在公司裡有更多的委員會，公司也徵求更多員工的意見回饋。同時，EA工程公司還實施了開放式管理，把公司的財務資訊透明化分享給員工。

拜訪EA工程公司的當天，我們參與了一個全體員工會議。營運長邁克・巴特（Mike Battle）在會議中討論了公司的收入和利潤，包括公司「連續六十六個季度實現盈餘。」他也談到了公司合約的來源、員工持股計畫、帶薪志工活動的時數、新的綠色廚餘箱、公司對「人民用水組織」（Water for People）的捐款，以及一名員工將如何前往瓜地馬拉觀察這家非營利組織的行動。此外，會議中他們為員工布魯斯・莫切莫爾（Bruce Muchmore）慶祝，他在EA工程公司工作了四十個年頭，正式加入了四十歲俱樂部。

之後，我們問了一位年輕的分析師愛琳・泰特克（Erin Toothaker），問她是否認為自己是公司老闆。愛琳說：「當我想到擁有公司的所有權時，我想到的是要怎麼樣和公司站在一起，和大家一起實現共同目標，而不是想到持有股份這件事。」她說，成為一家公益公司是「我們長期戰略計畫的重要部分。」

「員工持股計畫面對的其中一個角力是員工參與度，」彼得說。有些公司的解決方案，是讓所有員工都有機會進入董事會擔任管理角色。伊恩說：「但公司永遠不可能在做到這一點的同時，還能存活下來。」彼得補充說：「在我們這行，激勵員工的最大動力是改善環境。」他繼續說，如果你在大廳裡攔住一名員工問他：你比較願意幫忙清理現場，還是比較願意參與董事會裡關於風險的討論？伊恩打斷彼得說道：「哦，天哪，他們絕對更願意做公司使命中寫到的那些事。」

伊恩表示，作為一家公益公司這件事本身，就能促進員工參與，也能幫助公司理清企業社會責任和企業倫理議題。他說，公益公司就是「打了類固醇的社會責任企業」。EA工程公司從創立開始就涉及多樣的利害關係人，例如政府、企業客戶和整個生態系。「你必須看看整個系統。」伊恩說。因為生態系本質上就是長期的系統，系統中也包含多樣的利害關係人，所以企業設計必須符合這些特點。

## 公司作為有生命的系統

對許多人來說，EA工程公司的所有權轉移過程可能有點難以理解。但是這個關於公司設計的故事，為民主式經濟提供了至關重要的學習經驗。在榨取式經濟中，公司被視為股東擁有的東西，它就像是生產線上的滾珠軸承一樣，只是被設計來生產利潤。但EA工程公司提供了一個模型，讓公司成為有生命的系統，也成為地球上更大生命系統的一部分，公司的目的變成造福所有生命。

EA工程公司的故事體現了每個創辦人都會面臨的分岔路口。沒有公司創辦人能長生不老，也沒有太多家族企業傳到第二代之後還能存活良好。這時，選擇出現了：以金融力量為主導來轉移所有權，或者以創辦人遺留下來的公司使命為主導來轉移所有權。大多數創辦人沒有意識到有第二種選擇，畢竟金融主導的力量是如此強大。在EA工程公司的例子中，當初公司的每一個顧問都力勸公司上市。

＊

但是，新的模式正在興起。新模式讓我們知道要如何設計一個永續和公平時代裡的企業。EA工程公司和家庭護理夥伴合作社都是員工持有的公益公司。兩者都把公共利益放入公司的核心使命之中，並且廣泛分享公司的所有權。這是一個能夠帶來道德領導力（Ethical leadership）[*15]的公司設計。

這樣的企業設計，將會是二十一世紀以及未來企業的一個預設架構。在民主合作組織的工作之中，我們發現了五十多家員工持有的公益公司和B型企

*15 道德領導力指的是注重道德價值以及人性尊嚴的領導能力。此類領導能力的常見特質包含：信任、誠實、體貼和公平等道德價值。

業，例如愛琳費希爾公司（Eileen Fisher）、新比利時釀酒公司（New Belgium Brewing）、園丁用品公司（Gardener's Supply）、南山公司（South Mountain Company）、亞瑟王麵粉公司（King Arthur Flour）以及納馬斯特太陽能公司（Namaste Solar）。這些公司把公共利益的目的和分享所有權兩個特點結合在一起。簡而言之，它們是民主所有權原則的典範。

## 在商業理由之外

我們大多數人都沒有意識到所有權制度需要精心設計。我們認為所有權是一件事實：你有權利擁有或沒有權利擁有某個東西。英國永續發展顧問卡玲娜·米爾斯頓（Carina Millstone）表示，強調永續發展的社群尤其忽略了所有權的相關議題。當今許多環保運動關注了物理技術，但是卻忽略了所有權制度設計這一項更根本的問題，也沒有去討論哪一種所有權制度更能支持合乎道德、促進永續的公司決策。但所有權制度設計，其實是驅使公司決策的關鍵因素。

許多環保運動人士傾向用商業利益來為永續發展辯護。他們會強調永續發展有利於公司的聲譽、風險、成本和品牌定位。但米爾斯頓指出，麻省理工學院和波士頓顧問公司在歷時八年的研究中發現，目前為止只有百分之三十七的公司能透過永續發展來獲得商業利益。[9]

米爾斯頓說，永續發展不能完全由商業利益來驅動。事實上，永續發展需要道德決策。如果投資人和公司主管們都聚焦於最大化金融收益，那麼永續發展的投資只有在能夠產生短期利潤的時候才能說服人。上市公司尤其如此。因為在上市公司中，股東人數眾多、所在的地理位置分散、無法實質參與公司活動，而且在結構上缺乏有效表達社會責任和生態責任的能力。這樣的公司設計無法帶來道德領導力。米爾斯頓認為，要讓所有權人成為有道德的行動者，公司需要數量較少、與公司關係密切、積極參與公司活動、對社會或環境有共同使命感的股東。[10]

永續性是建立在一種道德觀之上：我們對那些生活在今日和未來的人們負有道德責任。榨取式經濟的公司設計仰賴「股東至上」的原則。這原則可以追溯到一九一九年上訴到密西根最高法院（Michigan Supreme Court）的道奇汽車和福特汽車官司。那時密西根最高法院的判決認定，經營公司是為了股東的利益，而不是為了員工或客戶的利益。這項重要的前提，到今年剛好有一百年的歷史了，它就像福特T型車時代的活化石。但是我們的時代不同了。正如米爾斯頓所寫的那樣，這是一個「私人企業讓地球走向崩潰」的時代。

## 為什麼外部監管不夠

所有權制度的設計將形塑我們未來的命運，就像它形塑了紐澤西州湯姆斯河（Toms River）的命運一樣。化學公司汽巴—嘉基（Ciba-Geigy）和此公司的前身在這裡營運了三十年。因為這家化學公司，EA工程公司和它的水質檢驗也曾在此地出沒。這個故事告訴我們，在不改變企業利潤最大化這個DNA的情況下，對企業進行外部監管將有多麼困難。

汽巴—嘉基化學公司在一九五〇年代來到湯姆斯河鎮，在接下來的三十年裡，湯姆斯河鎮的供水系統和水井都遭受有毒物質的污染，同時還出現數十個兒童罹患癌症。丹・費金（Dan Fagin）在他獲得普立茲獎的著作《湯姆斯河》（*Toms River*）中寫道，「太多的癌症不是巧合」。那時，當地僱了EA工程公司，

「對排放到大西洋的廢水進行染料稀釋研究。」比爾・盧在一封電子郵件說道。[11]

汽巴—嘉基公司排放的有問題廢水是每天五百萬加侖，高酸性的廢水含有只經過部分處理的有毒物質。這些是合成染料製造過程中的廢料，被排放到海洋中長達二十年。正如費金所寫的那樣，「這是一項非常有利可圖的產業，只要沒有人過度關注製造過程中所留下的廢料」。直到一九八〇年美國通過《超級基金法》（Superfund law），有毒廢棄物才成為企業關注的嚴肅問題，因為它成為資產負債表上的一項重大負債。[12]

那時，汽巴—嘉基公司是否會繼續污染海洋，都取決於EA工程公司的水質檢驗。一九八二年，當微小的糠蝦（mysid shrimp）被用來檢驗廢水時，有超過一半的糠蝦死亡。後來，在一家汽巴—嘉基公司管線附近的水井中發現了滲漏而出的有毒物質。終於，在過了三十四年、在汽巴—嘉基公司向大西洋排放了大約四百億加侖的廢水之後，它認輸了。[13]接著，和當時的許多化學公司一樣，它把工廠遷到了工資水平和環保監管標準都低很多的阿拉巴馬州、路易斯安那州，還有亞洲等地。[14]

於是，監管並沒有解決有毒物質污染問題。汽巴—嘉基公司解決了它唯一關心的問題，那就是資產負債。對公司來說，只有這一點重要。至於數以百萬計的海洋生物可能死亡這一點（就像在檢驗中的糠蝦）對公司來說並不重要。因為海洋生物不是化學公司的資產，這間公司認為自己沒有義務保護它們。同樣地，公司也覺得沒有義務保護湯姆斯河的居民。

這不是一個能夠讓我們的地球長存的觀點。但這個觀點卻是全球跨國公司的觀點。如同富蘭克林・羅斯福總統觀察到的那樣，跨國公司已經變得像是私人政府一般，也造成了當今世界的危機。[15]「政府監管」和當今企業的目標並不一致，所以從企業的角度來看，監管是他們想要規避的麻煩事。於是，要改變這樣的現實，公共利益就必須滲透到企業的DNA之中。

於是，毫無意外地，EA工程公司的董事長伊恩・麥克法蘭擔任了「格林里夫僕人式領導中心」（Greenleaf Center for Servant Leadership）的理事。正如同該中心的網站所說，「僕人式領袖」把他人的需要放在第一位。[16]我們看到，民主所有權設計讓這樣的道德領導力成為可能。

*

EA工程公司創新的所有權制度，讓我們看到一個很有希望的新模式。這樣的模式能教會我們很多事情，也讓我們有能力去改變像汽巴—嘉基這種大型企業的DNA。但是前往那裡的路具體要怎麼走呢？「LEED綠色建築規範」（LEED green building norms）的發展，展示了一條可能的道路。最初，LEED規範只是一些重視環保的建商和建築師有遠見的想像，隨著時間的推移，它變成了一套正式成文的條款，最終成為法律。二〇〇五年，紐約市要求獲得政府資金的新建築應符合LEED標準，接下來其他城市紛紛效仿，包括波士頓、達拉斯、堪薩斯城、洛杉磯等都向紐約市看齊。加州普萊森頓市（Pleasanton）對所有超過一定規模的商業建築都要求獲得LEED認證。[17]

公益公司本身就是一種成文規範，因為它必須符合美國州政府法律的規定，例如公開社會和環境表現報告。另外在美國，對員工持股計畫的鼓勵已經成為實質的減稅政策；許多國家的法律也明文規範員工合作社的相關設計。我們可以進一步想像，隨著政府的鼓勵，這些規範會推進到新的階段，最終政府能要求公司逐步實行民主所有權制度。與此同時，我們也可以嘗試禁止醫療和教育等產業繼續沿用榨取式經濟的所有權制度。最後到了某個時刻，社會很可能必須得重新設計大公司的制度和規範。因為如果我們不這麼做，民主式的制度設計很可能會持續被邊緣化。

首先，我們需要認識到所有權制度設計的重要性。想想看，與研究氣候變遷的學者數量相比，現在世界上有多少學者在研究所有權制度設計？有多少商學院教授會教學生另類的所有權制度？答案是：非常少。

## 民主式經濟已經準備好規模化

和單調的榨取式制度設計不同，民主式的制度設計仰賴於各式各樣的公共、私人、合作社和員工所有權的設計，也能考慮到不同的規模和不同的產業結構，以創造我們追求的結果。在這些模式中，員工所有權是最成熟、最能馬上規模化的制度。

在英國，員工所有權公司正在增長；在美國，員工所有權公司已經很普遍，總共有六千六百家公司實行部分員工所有權。羅格斯大學員工所有權專家約瑟夫・布拉西（Joseph Blasi）表示，美國員工所有權人持有的股份平均價值為十三萬四千美元，幾乎是美國家庭退休帳戶（由五十五歲至六十四歲民眾持有）平均資金一萬四千五百美元的十倍。[18]

員工所有權公司在面對經濟危機時更有彈性。同時，員工所有權人比起一般員工被解雇的機率只有四分之一。「美國國家員工所有權研究中心」（The National Center for Employee Ownership）發現，在二十八至三十四歲的美國各地員工之中，有公司所有權的員工比起沒有公司所有權的員工，多了近兩倍的家庭淨資產，平均薪資也高出百分之三十三。[19]

我們可以預期，嬰兒潮世代的企業家們即將退休，他們可能在未來十年內出售或關閉兩百三十四萬家公司。其中許多公司將直接關門裁員，讓在地就業機會流失。[20]但如果這些公司可以轉化成為員工所有權公司，我們就能改變歷史的軌跡。為了實現這個目標，我們在民主合作組織發起了「五〇五〇倡議」，希望在到二〇五〇年的時候能有五千萬（譯注：英文為「五〇」百萬）名員工擁有公司所有權。[21]如果更多這類公司轉變成員工所有權制度、決定維護公司的生存和使命，那麼下一代企業設計就能順利進行下去。

＊

「自從我們上次談話之後，我甚至變得更基進了。」在那次我們拜訪伊恩之後，他這麼說道。他提到他參加了美國管理學會（Academy of Management）的學術會議，會議中他加入一個「批判管理研究」（critical management studies）[*16]的小組，討論企業管理的各種錯誤和問題。在討論中，他們把重點放在利害關係人的管理制度上。對伊恩來說，這個主題並不陌生，也不僅僅是理論而已。伊恩說：「員工所有權制度和公益公司的結合至關重要。如果你進入這個架構，公司就會產生全新的受託人義務。」所以，EA工程公司有創造公共利益的法律義務。此外，隨著公司價值成長，財富會流向員工。[22]有這些好處的原因很簡單卻不起眼：所有權設計。

*16 「批判管理研究」是針對傳統管理學和傳統企業組織學進行的理論性批評和研究。此學術類別的研究方法大量應用了人文與社會科學中的「批判理論」（Critical theory）。

# 第七章

# 永續性原則

## 保護生命的基礎——生態系

聯邦準備理事會面對生態轉型的融資力量

「所有人都有享用陽光、空氣和水的權利，這對生命、自由和幸福的追求至關重要。在空氣、土地和水排放有毒物質的人，損害了這些基本人權。在我們的法律體系中，我們絕對要把毀損公共資源視為一種根本性的錯誤，就像毀損私有財產是嚴重錯誤一樣。」[1]

——威諾娜・拉杜克（Winona Laduke）

「我不希望大家認為我是一位來自巴西、孤獨的瘋女人。」卡拉・桑托斯・史堪蒂爾（Carla Santos Skandier）笑著說：「因為其實在我背後有整個組織支持我。」她回想起在對一群支持環保運動的贊助者演講的時候，聽眾中有些人不知道她是民主合作組織的一分子。但她不需要因此而擔心。在短短五分鐘的演講中，卡拉所說的話在房間裡引起了一陣騷動。「演講結束之後，他們給了我們每人一張桌子，這樣能和聽眾進行後續的討論。而我的桌子從頭到尾都是滿的。」卡拉說道：「來我桌子的人比去其他任何桌子的人都多。甚至我還沒走到桌子，就已經有人在等了。」[2]

那天早晨，在場的主要贊助者正在進行一項緊急任務：「結束石油時代」。他們是「氣候策略加速組織」（Climate Change Accelerator）（後來更名為「氣候突破計畫」（Climate Breakthrough Project））的成員，正在尋找具有突破性的想法，最好是新穎並且可以完全改變遊戲規則的戰略。他們的目標是在十年內大幅削減碳排放量。這個計畫是「大衛與露西歐帕卡德基金會」（David and Lucile Packard Foundation）和「橡樹基金會」（Oak Foundation）還有「有益能源基金會」（Good Energies Foundation）共同發起的。二〇一七年九月六日，基金會的贊助者和其他贊助者一起來到舊金山的砲臺飯店參加早餐會。在來自八十九個國家的五百多份申請書中，八名「石油實驗室」研究員脫穎而出，準備在會中演講。而卡拉就是其中一位。在那天結束時，她成為三位獲得贊助的人之一。[3]

人們簇擁著卡拉的桌子，都是來聽一個瘋狂的想法：讓聯邦政府收購石油公司並讓它們逐漸消失。這個想法是讓美國聯邦準備理事會運用和二〇〇八年援助大銀行時一樣的方法：**量化寬鬆**（quantitative easing），也就是透過魔術將錢從無生有，不耗費納稅人的任何一分錢。

卡拉與執行「下一代系統」計畫（Next System Project）的民主合作組織團隊，將這個想法稱為「地球量化寬鬆」（QE for the planet）。這或許不是最迷人的稱呼，但這重要嗎？

那天，基金會的人們用不尋常的方式給了卡拉贊助。雖然原本他們只打算贊助兩個已經準備好實行的想法，但卡拉的點子是個例外。她的主張是如此巨大，幾乎超出了人們想像的範圍，贊助者對她的想法既抱持懷疑，又充滿熱情的期待。當時，氣候策略加速組織寫了一封電子郵件給帕卡德基金會的華特·里德（Walt Reid），提到他們「正在嘗試一些不同的方法，所以決定給卡拉一個機會，讓她得到相對補助款（matching grant）。」這個決定是為了支持卡拉的團隊繼續發展她的主張。如果卡拉能在其他地方找到十萬美元，氣候策略加速組織也會提供相對的十萬美元資金贊助。

最後卡拉花了七個月的時間找到了資金，並拿到相對補助款。這位來自巴西的環保律師（之前是里約熱內盧環境保護局的一員）就這樣開始工作了。

## 大規模的系統動力學

要進入下一代經濟體系，不能只是等待建立社區財富這個長久而緩慢的過程。為了創造空間、讓替代方案有茁壯的機會，我們必須挺身面對重大急迫的問題，例如氣候變遷的問題。換句話說，建立民主式經濟可以從地方層面開始，但同時也需要著手處理大尺度的系統動力學。

聯合國政府間氣候變遷委員會（United Nations Intergovernmental Panel on Climate Change）在二〇一八年十月發布報告，警告世界只有十二年的時間來防止全球暖化災難的發生，這份報告的措辭比之前更為強烈。委員會先前的報告，是希望比起工業革命前的水準，全球氣溫上升幅度能控制在攝氏兩度以內。但二〇一八年的報告重點，則是希望將全球氣溫上升幅度控制在攝氏一點五度以內。在這個零點五度的溫差之間，關係的是數百萬人的命運。[4] 如果地球升高的溫度要控制在一點五度以內，那麼到了二〇三〇年，碳排放量必須從二〇一〇年的水準再減少百分之四十五，然後在二〇五〇年降到零排放。委員會寫道，達成這目標所需要的變化，是人類文明史上「沒有任何前例」的巨變。[5]

委員會也表示，從現在起到二〇三五年，全球每年必須在乾淨能源上投資兩兆四千億美元。這比彭博社估計的二〇一七年全球再生能源投資金額三千三百三十五億美元，多出了七倍。[6]

我們還必須大幅減少對化石燃料的投資，最終目標是讓它們完全消失。但是，各國的做法卻完全相反。根據國際石油變化組織的資料顯示，二〇一四年至二〇一六年，二十國集團（G20）的政府和多邊開發銀行在石油和天然氣上的投資，是再生能源投資的三倍以上。這為氣候災難埋下了伏筆。[7]

當然，石油公司開心地假裝事實並非如此。埃克森美孚公司（ExxonMobil）在二〇一八年初宣布，計畫將石油產量提高百分之二十五，並在二〇二五年結束之前讓獲利翻倍。[8]

「全球暖化的可怕新數學」是比爾・麥吉本（Bill McKibben）在一篇文章中發明的形容語。他說明了為什麼我們不能讓這種成長成為現實。在這篇二〇一二年的文章中，比爾使用了之前的暖化兩度的臨界點（一點五度的臨界點讓暖化計算變得更加可怕）。如果地球要保持在攝氏兩度的臨界點之內，碳預算（carbon budget）[*17]必須保持在五千六百五十億噸以內。但是我們目前計畫燃燒的化石燃料（目前已證實的儲備量）是兩兆七千九百五十億噸，為碳預算的五倍之多。這代表有百分之八十的碳儲備必須留在地面。也就是說，這

*17 碳預算指的是某特定期間內溫室氣體排放總量的上限。

些是不能燃燒的碳。或者用金融術語來說，這些就是「**套牢資產**」（stranded assets）。[9]

前摩根大通經理、現任資本研究所（Capital Institute）負責人約翰・富勒頓（John Fullerton）以當前市值計算出這些套牢資產合計達二十兆美元。所以，如果要把那些碳儲備留在地面，就代表要放棄二十兆美元的資產。麥吉本寫道：「我們很可能會燒掉所有的碳，在這樣的情況下，投資者會覺得做得好。但如果我們這麼做，地球將會掉入無底深淵。」

對榨取式經濟體系來說，這是令人驚奇的結局。然而畢竟這體系在起步階段就毫不猶豫地把人類商品化，在成熟階段也毫不眨眼地把數十億加侖的有毒物質傾倒在海裡。現在則進入老化的階段，這體系或許會回想起自己對地球上的生命造成了什麼不可挽回的傷害，但最多它也只會聳聳肩，把一切當作沒事一樣。

## 全新登月計畫

如果劇情要有轉折的話，那轉折或許就是「綠色新政」（Green New Deal）。這是一套新的政府立法行動，類似於一九三〇年代富蘭克林・羅斯福總統的新政。綠色新政是一種社會集體工具，讓我們能發揮想像力去思考如何跨越這個人類史上前所未見的障礙。

就像國會議員歐加修–寇提茲（Ocasio-Cortez）的幕僚長賽卡特・查克拉巴蒂（Saikat Chakrabarti）所形容的，「這有點像登月計畫」。當約翰・甘迺迪總統宣告美國要登上月球的時候，一切登月所需的必要之物都還不存在。但我們努力嘗試，最後做到了。綠色新政也應如此。綠色新政涉及的面向包山包海，它基本上就是對經濟制度的一次大規模系統升級。[10]

綠色新政是一種強烈脫碳的戰略、一個創造就業機會的契機、一項推動基礎建設的法案，也是一場重新集結平民百姓的行動。對需要在全球運作的民主式經濟制度來說，這可說是一個大規模的示範計畫。而且綠色新政更有潛力去讓公眾行動起來，因為新政的重點不僅僅是如何在氣候變遷中倖存，並且是鼓勵人們去實現一個願望：所有人都可以一起享受繁榮。

一名聯合國官員將一點五度臨界點的報告形容為「震耳欲聾、刺耳穿心的煙霧警報」。[11]當煙霧警報響起時，你不會繼續做你正在做的事情。然而，贊助者、非營利組織和政策制訂人都還是堅持相同的、既定的漸進策略。我們需要突破。而綠色新政就是其中一個方法。「地球量化寬鬆」也可以是另一種選擇。關於如何將這兩種方法結合在一起的討論，也正在進行中。地球量化寬鬆方法的一個關鍵貢獻在於，它彰顯了民主式經濟所需的深層制度改革，也舉起了一面旗幟，象徵著我們最終必須擁有的目標。

## 問題的核心：所有權的設計

如果要直接針對榨取式經濟體系中公司所有權和控制權的制度問題，收購石油公司是個好策略。一直以來，讓股東的短期收益最大化被認為是不可動搖的根本目標。所以大多數的改革策略都是在這一目標之下運作：對碳排放徵稅，用來引導企業營利的正確方向；說服企業相信永續發展有助於業務成長；投資再生能源，讓投資者獲得豐厚回報。

這些方法是不錯。但是採用這些方法，也代表我們接受了資本的永恆權利，也就是一種財富最大化的榨取權。而我們難道連挑戰這種觀點的夢想都沒有？這一權利的正當性很少受到質疑，就像在民主出現之前，君主和貴族絕對的權利很少受到質疑一樣。在先前的一本書中，瑪喬麗把它稱為「資本的神聖權利」。

這一個看似不可動搖的體制幾乎可以在一夜之間被改變，只要我們收購埃克森美孚、雪佛龍（Chevon）和康菲（ConocoPhillips）等石油公司的控股權，然後重新組織董事會、帶入一個新目標：為了保護地球上的生命而逐步減產石油。即使只是作為一個思想實驗，這個想像所展示的是永續性原則如何貫徹到公司所有權設計中。這個想像，讓我們知道把保護生態系作為一項政治經濟的基本原則到底代表什麼意義。

民主式經濟制度承認財產權，但會平衡財產權和其他權利（例如讓全球人民一起繁榮的權利）。從這個角度來想，沒有人的財產會因為收購石油公司而被沒收。事實上，一旦股東意識到公司的套牢資產，他們或許就會歡迎這樣的舉措。

## 從監管到接管

當我們意識到監管很可能被推翻時，公開接管就成了一個合乎邏輯的答案。畢竟企業擁有巨大權力，能透過遊說、不受控的政治獻金和挾持監管機構來主導政府決策。上市公司都必須遵守華爾街的第一誡：不是成長，就是死路一條。當今世界中，這個要求和它所需要的碳排放增長，都在經濟、政治和生態方面處於主導地位。

此外，化石燃料公司對政治的控制，阻止了我們採取行動去面對氣候變遷。埃克森美孚的科學家幾十年前就了解氣候科學，但卻公然捏造對氣候變遷的質疑。在美國參議院選舉中，英國石油和其他歐洲大型碳排放企業大量捐款給否認氣候變遷的參議員。根據綠色和平組織的報告，科氏工業（Koch Industries）的石油大亨科氏兄弟（Koch brothers）從一九九七年以來，直接向八十四個否認氣候變遷的組織捐贈了至少一億美元。[12] 相比之下，在美國二〇一八年的期中選舉期間，科羅拉多州有許多想要限制水力壓裂法開採頁岩油的運動人士，他們支出的經費只有科氏兄弟的四十分之一。[13] 正如比爾・麥吉本所說，環保主義人士必須「把火力集中在化石燃料工業上，看看是否能打破它的政治力量。」[14]

政府收購化石燃料公司的做法可能看似極端，但美國在危機中採取類似行動的歷史卻不少見。隨著二〇〇八年金融危機的爆發，美國總統喬治・布希和巴拉克・歐巴馬實際上已經將美國國際集團（AIG）和通用汽車（General Motors）收歸國有。一九八四年，羅納德・雷根總統（Ronald Reagan）在伊利諾大陸國民銀行暨信託公司（Continental Illinois National Bank and Trust Company）瀕臨倒閉時，收購了該公司百分之八十的股份。第二次世界大戰期間，政府國有化了數十家公司，以確保滿足戰爭生產的需要。在第一次世界大戰中，伍德羅・威爾遜總統（Woodrow Wilson）接管了對戰爭物資運輸非常重要的私人鐵路，一直到一九二〇年之前美國鐵路都由政府營運。

**如果我們能紓困大銀行，為什麼不能紓困地球呢？**

如果美國聯準會透過量化寬鬆的貨幣政策注入新的資金，那麼聯邦政府收購化石燃料公司這件事就不會帶給納稅人負擔。在這種方式中，資金由中央銀行直接創造，這也就是大型銀行在二〇〇八至二〇〇九年次級房貸危機中獲得紓困的方式。雖然說，那場危機是大型金融機構不計後果的貸款和投資所造成的。在那之後，全球央行注入金融體系的資金換算成現金的話，大約是十二兆三千億美元。其中，美國聯準會在二〇〇八年末到二〇一四年期間就注資了三兆五千億美元。藉由這種方式來援助瀕臨倒閉的金融機構，聯準會為這些公司和公司投資者提供了軟著陸的降落傘。[15]

這有點像如果你或我借給朋友一萬美元，然後發現他無力償還，此時卻突然出現一位好心的大叔幫他全額還清貸款。這就是當時美國拿出數兆美元來援助資本家的方式。對照之下，普通老百姓（其中很多是非白人）在房貸的沉重壓力下苦苦掙扎時，有一天房貸突然就超過了他們貶值的房屋價值。唉，可惜我們就不會遇到好心的（山姆）大叔。

在世界各地，例如歐盟和日本最近都在實施量化寬鬆計畫。二〇一七年開始，歐洲央行每月向金融市場注入六百多億美元；這是為期四年的量化寬鬆計畫，最後於二〇一八年十二月結束（但又於二〇一九年三月恢復）。[16]如今，各國央行的資產負債表總金額是金融危機前的五倍。這些都不是透過稅收或借貸來支付的。[17]此外，更令人擔心的是那些關於通貨膨脹失控的可怕預測。

「這些錢不是稅金。」美國聯準會前主席班・柏南奇（Ben Bernanke）在一次電視採訪中解釋道。「就像你在一般銀行有帳戶那樣，每家銀行在聯準會都有一個帳戶。所以要把錢給某家銀行，我們只需用電腦打出它們帳戶所需的金額，然後就會冒出它們所需的資金。」[18]

對於大多數人來說，中央銀行能夠憑空創造新貨幣這件事可能難以讓人理解。但這就是事實。當然，這種力量不是無限的。惡性通貨膨脹和其他副作用都可能出現。畢竟你不能每天都打給你叔叔要錢。但在必要的時候、在一定的範圍內，從無生有創造錢是可以做到的。一直以來都是如此。

學者和政治人物，包括英國工黨的傑瑞米・科爾賓、瑞士經濟政策委員會（Council of Economic Policies in Switzerland）的亞歷山大・巴卡維（Alexander Barkawi）和國際永續發展研究所（International Institute for Sustainable Development）的專家們，都開始主張「綠色量化寬鬆」政策。他們主張直接由政府創造新貨幣，用來建立綠色基礎建設。[19]

巴卡維在英國《金融時報》上寫道：「世界主要央行的官員們越來越清楚知道，應對氣候變遷帶來的金融風險也是他們的工作。所以，確保貨幣政策朝著同樣的目標前進，也是合乎邏輯的必要措施。」[20]

*

那麼，要付出多少錢才能收購美國主要的石油和天然氣公司呢？以二〇一八年中的市值計算，要收購美國最大的二十五家上市石油和天然氣公司、買下它們百分之五十一的股份，需要大約七千億美元。[21]這不是一筆小數目。但如果用七年的時間來收購，那麼每年就只要一千億美元了。這個價格政府並不是出不起。畢竟相比之下，伊拉克和阿富汗的戰爭支出，如果算上未來退伍軍人的開銷，將花費四到七兆美元。更不用說川普減稅就花一點五兆美元了。[22]

## 什麼才是危機？

如果我們知道創造新貨幣來處理危機也是可行的選擇，那麼重要的問題就變成了：什麼才是真正的危機？大銀行因為自己的魯莽行為而造成財務損失，這被當作了危機。例如，二〇〇八年美國財政部長亨利・鮑爾森（Hank Paulson）在眾議院議長南希・佩洛西（Nancy Pelosi）面前，為了乞討七千億美元的銀行紓困費用而卑躬屈膝。誰能忘記那個令人記憶猶新的畫面呢？附帶一提，鮑爾森曾是高盛集團（Goldman Sachs）的執行長。

如果大銀行的損失是危機，那麼氣候學家的警告呢？氣候學家認為我們只剩下十二年的時間來防止全球性的大災難。有些人聽到這裡或許要打哈欠了。是不是想趕快點擊下一個故事？但有趣的是，上述兩場不同危機的價格都是七千億美元。

收購化石燃料大公司這件事，還存在許多技術問題。所以卡拉的團隊正在研究。但真正的問題是我們到底看重什麼。亨利・保爾森在眨眼之間就獲得了紓困，隨後銀行得到的政府援助遠遠不止這些。各國央行沒有對技術問題的細節和通貨膨脹的風險猶豫不決。他們當時之所以快速行動，是因為他們重視的東西正處於危險之中。

但是，等同的重視和關心還沒有延伸到自然環境。環保運動人士阿道・李奧波德（Aldo Leopold）在一九六六年出版的《沙鄉年鑑》（*Sand County Almanac*）中早已談到，為什麼在一個經常說生態需要「保育」的年代還會如此忽視環境。他寫道：

「保育」最後還是會無疾而終，因為它和我們的私有制土地概念完全不相容。我們濫用土地是因為我們認為它是私人的商品。當我們把土地看作是我們歸屬的共同體時，我們才可能會帶著愛和尊重開始使用它……「土地是共同體」是生態學中的基本觀念，「土地需要愛和尊重」則是倫理學的延伸。[23]

所有倫理學的前提都提到了「個體是共同體中相互依賴的成員」，李奧波德寫道，「土地倫理學只是擴大了共同體的邊界，把土壤、水、植物和動物都包含進來，全部放在一起，統稱為土地。」他接著說，土地倫理學會讓人類「從土地共同體的征服者，轉變為土地共同體的普通成員和公民。」[24]

李奧波德寫道，我們缺乏這種土地倫理學，是因為我們把土地視為財產、視為一種「特權而非義務」的關係。我們自認為對土地有榨取的特權，卻沒有保育的義務。[25] 相反地，原住民社群則體現了不一樣的人與土地關係。就像綽號「吵鬧貓」（NoiseCat）的朱利安・布瑞（Julian Brave）（英屬哥倫比亞省卡尼姆湖原住民族（Canim Lake Band Tsq̓ escenemc）的一員）所觀察到的，原住民不是把土地和水視為財產，而是把它們視為「神聖有生命的親戚、祖先和起源之地。」[26]

在紐西蘭，這個原則已經成為法律。旺格努伊的毛利人（Whanganui Maori）在經歷一百四十年的法律戰之後，終於成功讓他們的祖先「旺格努伊河」（Whanganui River）獲得了與人類平等的法律權利。在二〇一七年政府頒布這項法案之後，河流從此有了兩個守護人，一個是紐西蘭政府，另一個則是毛利人部落。[27]

基於同樣的精神，美國原住民歐及布威族（Ojibway）的領導人沃爾特・布雷斯特（Walt Bresette）在一九九〇年代發起了運動，為的是推行一項美國憲法修正案。他指出，美國憲法裡已經包含了對未來世代的關懷，例如序言中提到要確保「我們自己以及我們的後代得到自由的祝福。」所以以此為基礎，他提倡進行「第七世代憲法修正案」（Seventh Generation Amendment），內容如下：

美國公民享受及使用空氣、水、陽光和其他再生資源（由國會確定為共同財產的再生資源）的權利，不應受到損害。同時，現在世代的使用權利也不應損害未來世代的使用權利。[28]

這一項修正案的提議、紐西蘭旺格努伊河的勝利，還有地球量化寬鬆政策等等，都是優秀想像力的結晶。這些方案讓我們看到如何從企業的手中把地球的財富去殖民化。而這些方案的目的不只是要逐漸減少傷害，而是要將生命的永續看作首要原則。

## 道德經濟是一種有韌性的經濟

如今，道德與金融正在相互靠攏，因為「碳泡沫」（carbon bubble）將氣候危機變成了一場經濟危機。在二〇一五年，花旗集團估計全球因碳排放限制而套牢的資產價值可能超過一百兆美元，遠遠超過房地產泡沫的套牢資產。[29]

英國中央銀行的行長馬克・卡尼（Mark Carney）計算出，在世界上全部的財富中，足足有三分之一投資於「高碳」企業，包括化石燃料公司和許多其它相關產業。[30] 如果將來某一天這些資產變得一文不值，那麼隨之而來的傷害會非常猛烈。

根據「碳追蹤智庫」（Carbon Tracker）的報告，化石燃料的需求還有四年才會達到高峰，那會是二〇二三年。[31] 早在二〇一四年，當煤炭的需求達到高峰之後，接下來的三年裡，四家美國主要的煤炭公司先後申請了破產。所以事情崩壞的速度遠比我們想像的還要快得多。[32] 二〇一八年，美國股票市場的能源類股暴跌了百分之二十。相較之下，同時間的標準普爾五〇〇指數僅下跌了百分之六。[33]

化石燃料公司即將逐漸消失，但這個過程還是不夠快。馬克・卡尼警告說：「一旦氣候變遷成為金融穩定性必須面對的關鍵問題時，可能就已經太遲了。」[34]「可是，我們也沒辦法期望大眾對金融的短視心態會及時覺醒。所以另一種比較可行的方法，是透過政府採取行動來保護我們的共同利益。因為在不久的將來，這樣的行動將會保護我們所有人以及我們的資金。

## 恍然大悟

卡拉在舊金山砲臺飯店發表演講時，遇到了很多關於地球量化寬鬆政策的質疑。量化寬鬆不是會導致通貨膨脹嗎？政治經濟學家、民主合作組織共同創辦人加爾・阿爾佩羅維茨（Gar Alperovitz）回答了這個問題。之前在美國參眾兩院都擔任過國會議員立法主任的加爾，也曾想過地球量化寬鬆這個點子。「這點子是我在客廳裡醞釀出來的，」加爾說。而卡拉讓這個點子能真正發展下去。量化寬鬆政策會導致通貨膨脹嗎？加爾表示：考慮到美國的實質失業率水平，通膨並不會發生。「許多人認為我們社會的生產力已經達到極限，而商品價格必然上漲，這種觀點幾乎肯定是錯誤的。」加爾說：接受收購拿到資金的富裕資本家，並不會拿錢到市場上買更多的商品，從而引發通貨膨脹。相反地，他們會把拿到的錢用在投資上。

卡拉談到，一開始許多人認為讓政府接管石油公司是一個愚蠢的想法，但現在人們似乎比較不排斥了。這很可能是因為現在的情勢更加緊迫；當然也可能是因為川普總統談到了國有化煤炭產業的政策（不是為了減少化石燃料，而是為了在表面上保護就業）。

＊

華盛頓特區的畢考飯店（Beacon Hotel）是加爾經常出沒的地方，有一天我們溜進一個餐廳座位，找到加爾本人向他詢問。他說，更深層次的議題是如何讓石油公司的影響力遠離政治。因為「在面對一系列的環境問題時，他們經常從中阻撓。」[35]

那麼關於石油貿易和漏油事故等類似的問題呢？石油公司會不會直接跑去其他地方生產就好？加爾回答道：「這些幾乎都是政治問題，而不是經濟問題。」當初，石油公司巨頭運用強大的遊說力量阻止歐巴馬政府進行氣候變遷立法。所以，「地球量化寬鬆」的政策目標就是控制化石燃料公司，「從而在氣候變遷問題上採取正確的行動、阻止大規模的政治阻力。」[36]

至於量化寬鬆，他承認這可能會讓許多人感到訝異。「讓錢從無生有？這怎麼可能？」他說，「但有一天大家會恍然大悟，然後說：『沒錯，我們辦得到。』」

第八章

# 道德金融原則

## 為民眾和地方投資和貸款

英格蘭普雷斯頓——銀行和退休基金的在地投資

「一國之中，少數人管理經濟生活的權力必須分享給多數人，或將此權力轉移給公眾以及能夠負起民主責任的政府。」

——富蘭克林・羅斯福（Franklin Roosevelt）

「經過了這麼多年，現在我發現自己成為主流了。這有點奇妙。」馬修・布朗（Matthew Brown）用他獨特的英國口音說道，「我一直覺得當一個少數派更有趣。」

對馬修來說，那些邊緣的日子正在迅速消逝。從二〇〇二年開始直到這幾年以前，他只是英格蘭普雷斯頓市（Preston）的一名市議員。但在二〇一八年，馬修被選為議會議長，而現在的他更巡迴全國各地，分享他在普雷斯頓激起的漣漪。一直到最近，馬修除了市議員的工作以外還在政府兼職文書工作，到了晚上他也會鑽研左翼經濟學方面的書籍。一位記者這樣寫道：馬修的鞋帶經常沒綁好，在成長過程中他也總是感覺「自己不夠好」（根據馬修自己的描述）。而如今，馬修出現在《經濟學人》（*The Economist*）和倫敦《泰晤士報》（*Times of London*）等媒體上，並開始擔任英國工黨（Labour party）的顧問，而工黨很有可能組建下一屆的英國內閣政府。現在，全英國大約有六十個縣市聯絡了馬修。「聯絡我的人數已經數不清了。」馬修說。同時，至少有十個城市正在努力複製他在普雷斯頓所領導的工作：使用多元的方法來建立社區財富。這個路線後來被稱為「普雷斯頓模式」（Preston Model）。[1]

普雷斯頓的轉捩點是在二〇一一年。就在那年，一家大企業退出了市中心什一穀倉區（Tithebarn）的大型購物中心計畫，為市議會長達十年的地方復興戰略敲響了喪鐘。於是這個極度貧困的城市再一次失去了希望：沒有錢、沒有計畫，也對衰敗的經濟沒有信心。而後市議會開始尋找解決方案。當時，馬修透過「在地經濟戰略中心」（Centre for Local Economic Strategies）的戈登・班森（Gordon Benson）聽說了泰德這個人。泰德就這樣出乎意料地接到電話，來自一處他從未聽說過的地方——普雷斯頓。那時，馬修非常想要請泰德過來一趟。「他們在克里夫蘭做的那些事真是令人感到驚奇，」馬修說道。他指的是由錨定機構支持的長青合作社以及合作社的員工所有權制度。他繼續說：「我對美國人採用了這種模式感到震驚，因為我一直以為他們會覺得這太社會主義了。最後，我們決定把這個模式移植到英國。」[2]

雖然是受到克里夫蘭的啟發，普雷斯頓最終卻可以說超越了克里夫蘭。首先，普雷斯頓放棄了把外來企業當作救世主，轉而專注於培養在地企業。一切的開始，是透過市議會的支持和中央蘭開夏大學（University of Central Lancashire）合作建立了「普雷斯頓合作發展聯盟」（Preston Cooperative

Development Network）。到了二〇一二年，普雷斯頓宣布將提供基本生活工資的保障給所有勞工。接著，透過和市區供應商「紅玫瑰公平能源」（Fairerpower Red Rose）合作，普雷斯頓還自己做能源供應，為當地消費者節省了兩百多萬英鎊。此外，當地郡立退休基金的委員會（其成員包括已故的前普雷斯頓市議會議長彼得・蘭金（Peter Rankin））拿出一點五億英鎊投資在地，包括新建學生宿舍以及整修曾經輝煌的帕克飯店（Park Hotel）等計畫。[3]

其中最有影響力的政策，是馬修與「在地經濟戰略中心」（CLES）合作，負責管理錨定機構的支出。在地經濟戰略中心在此之前也曾在曼徹斯特做過類似工作。他們發現，二〇一二年至二〇一三年度，當地錨定機構共十億英鎊的支出之中只有百分之五用於當地。於是，市議會召來公共住宅管理單位、中央蘭開夏大學和地方警察局在內的六個主要錨定機構負責人，說服他們從普雷斯頓的在地企業購買更多的東西（例如從在地農民、印刷工廠和建築公司那裡購買商品）。到了二〇一六至二〇一七年度，這百分之五的支出成長到了百分之十八，總共多了七千五百萬英鎊的在地支出。而如果算入普雷斯頓所屬的蘭開夏郡，錨定機構的支出則從百分之三十九增加到百分之七十九，總共成長了兩億英鎊。這樣的轉型支撐了四千五百個就業機會。[4]

改變的效果很顯著。二〇一六年至二〇一七年度，在普雷斯頓領著低於基本生活工資的勞工，從百分之二十三降到百分之十九。而失業率則從二〇一四年的百分之六點五下降到百分之三點一。普華永道會計師事務所（PricewaterhouseCoopers）和總部位於倫敦的「Demos」智庫在二〇一八年進行了一項研究，研究結果把普雷斯頓評為英國進步最多的城市，也是比倫敦更宜居的城市。正如馬修所說，這座城市變得更有韌性，因為我們「在普雷斯頓的經濟中放入了更多的民主和更廣泛的所有權。」[5]

馬修是能夠成就這一切的先驅者。《衛報》（*The Guardian*）資深經濟評論員阿迪蒂亞・查克拉博蒂（Aditya Chakrabortty）對電影製片蘿拉・弗蘭德斯（Laura Flanders）這麼說：「在很長的一段時間裡，馬修會提到，他總是孤獨一人。」他繼續補充：「普雷斯頓的改革不是課本上的模型，而是實驗。這就像是在熬夜時，人們在筆電前突然靈光一閃，然後想說，如果試試看這個方法會怎麼樣？」[6]

## 激勵選民

馬修和他的點子過去沒人認同，現在卻成了徹底改變英國政治討論的起點。馬修接受了工黨領袖傑瑞米・科爾賓（Jeremy Corbyn）的欽點，擔任工黨裡「社區財富建設小組」（Community Wealth Building unit）的委員。《經濟學人》把普雷斯頓叫做「傑瑞米・科爾賓的模範市鎮」（Jeremy Corbyn's Model Town）。[7]

在二〇一七年大選的競選宣言中，工黨提出了新的改革理念和新的口號，強調擴大財富所有權，還有重新讓經濟「服務大眾，而非服務少數人」。宣言裡提到：「雖然英國有歷史悠久的民主，但國家財富分配不公，導致經濟制度的決定權掌握在少數菁英手裡。」工黨提出的理念包括：保護小企業、讓勞工擁有公司、禁止壓裂採油、投資再生能源，並支持在地經濟。工黨更在二〇一八年宣布，規定員工人數在兩百五十人以上的企業建立「員工所有權基金」，把公司的股份交給員工。[8]

工黨也呼籲讓鐵路、能源、水資源、郵局等事業公有化。經濟顧問約翰・

麥克唐納（John McDonnell）點出了關鍵：這樣新型的公有化公司會比舊時代的國營事業更民主，因為過去的國營事業對員工來說，通常「過度官僚、也過度脫離現實」。英國大眾對於公有化更是一面倒的支持，百分之八十三的人支持水資源公有化，百分之七十七的人支持能源公有化，而百分之六十的人支持鐵路公有化。[9]

雖然工黨沒有贏得二〇一七年大選，但在媒體對他們充滿敵意和偏見的情況下（引述自衛報的形容），意外地獲得了百分之四十的得票率，僅僅落後執政保守黨的百分之四十二得票率。就像一位工黨議員說的：「這是因為許多人擔心國家的未來，想要一個不一樣的選擇。」[10]

工黨的全國計畫，加上馬修的地方營造，剛好描繪出一個初露頭角的替代方案、一個能激勵相當多選民的方案。工黨的經驗透露出一個讓許多人大感意外的新可能：透過民主式經濟的理念，人們能實際獲得政治權力。

除了政治之外，金融的力量也大幅影響著普雷斯頓和整個英國。雖然氣候變遷促使我們去感受對當代以及未來世代的責任，但傳統榨取式經濟中的金融體制卻無法跟上。過時的金融體制自認為與眾不同，以為金融運作只需要考慮資本而完全不需要顧慮到社會和生態環境。

另一方面，民主式經濟則展現了不同的理念，而這理念其實一點也不複雜。民主式經濟強調合乎道德的金融原則，也就是說，銀行和金融是為了公眾和這塊土地而存在，所以營利並不是最主要的目標。我們可以從普雷斯頓看到這樣的新原則正在發酵。普雷斯頓的發展曾是榨取式經濟史的縮影：資本一開始是公眾的僕人，最後卻倒過來成為了主人。現在的情況，則是一個嶄新的開始，普雷斯頓重新讓資本回到正確的角色，也就是服務公眾。

## 與金融息息相關的命運

從很多方面來說，普雷斯頓是工業革命的誕生地。理查・阿克賴特（Richard Arkwright）最先在這裡發明了精紡機。那時，隨著新經濟的興起，商人們開始運輸物資，然後他們在愛德華・勞埃德的咖啡館（Edward Lloyd's Coffeehouse，後來成為保險交易所勞合社（Lloyd's of London））這類的聚會場所買保險。那時，紡織業和製造業讓普雷斯頓成為一個繁榮的工業城。但是在過去的半個世紀裡，資本和工業開始拋棄普雷斯頓，就像它們拋棄克里夫蘭一樣。

二〇〇八年的金融危機讓人清楚地看到，普雷斯頓的財富和倫敦各大銀行有著密不可分的聯繫。一九八〇年代的管制鬆綁，導致英國擁有全球已開發國家最集中的銀行體系之一。之後，五家大型銀行驚人地控制了全國百分之九十的市場。隨著這些大銀行併吞了地方銀行和當時由民眾共同持有的房屋貸款互助會之後，銀行對地方經濟的放款萎縮了。這對普雷斯頓的地方企業來說也是如此。如今，對地方企業的放款還不到放款總額的百分之十。剩下的資金早已轉移到保險基金、退休基金、消費金融和商業房地產等項目，當然還有證券市場這樣的投機領域，其中銀行的放款被分割再分割，然後出售。[11]

二〇〇八年那些惡毒的金融產品發生內爆，最終導致英國各地的建案投資停擺。普雷斯頓市中心的什一穀倉區都更計畫也因此終止了。儘管最後大銀行得到紓困，但是英國政府卻縮減了地方補助，結果導致普雷斯頓和其他社區遭受了將近十年的財政緊縮。到了二〇一〇年，這個有十四萬人口的小市鎮在就業情況和福利政策方面，幾乎已經變成全國墊底。其中，三分之一的兒童生活在貧窮之中。而後，這個工業革命的誕生地得到了一個新標籤：「英國自殺之都。」[12]

面對這一切，普雷斯頓開始想從冷漠的全球化榨取式經濟體系手中，奪回自己的命運。那時，市議會的一項重要戰略是重建地方銀行。「當時在我的選區裡，最後一家大型銀行的地方分行也即將關閉。」馬修說道。這樣的情況在英國地方城鎮中很常見，僅僅二〇一七年一年就有七百六十二家銀行的地方分行關閉。[13]為了因應這樣的情勢，市議會開始支持「CLEVR」，這是一家由一般成員擁有和營運的信用合作社。市議會也支持了以社區為導向的金融社會企業「金錢線」（Moneyline）。這個機構遍及全國，但也紮根於它所服務的社區。它對金融弱勢族群提供了高利貸以外的選擇，讓它們能獲得有彈性又便宜的短期貸款。此外，即使逾期還款，它也不收取額外費用。這些機構的目標都是為了一般大眾而服務，而不是從中榨取最大利潤。

現在，普雷斯頓市議會正在研究最近英國興起的兩種新銀行模式：漢普郡社區銀行（Hampshire Community Bank）和社區儲蓄銀行聯盟（Community Savings Banking Association）。市議會聘請了一名專家來研究這兩個金融機構，然後在二〇一九年向蘭開夏郡的領導階層提出建議。馬修說：「這樣一來，像大學這樣的錨定機構就能決定是否要投資這些銀行。」漢普郡社區銀行是模仿德國的地方公共儲蓄合作銀行（Sparkasse and Volksbank）。藉由特許經營的法律和支持社區的目標，地方儲蓄銀行在整個德國雖然只控制了百分之三十的金融資產，但是卻負責了全國百分之七十的中小企業貸款。[14]

位於英國的社區儲蓄銀行聯盟（Community Savings Banking Association）成立於二〇一五年。在詹姆斯・摩爾（James Moore）的領導下，聯盟的目標是建立一個由十八家地區性合作銀行組成的聯盟，其中每家銀行都以在地服務為使命。這類銀行將由客戶持有和管理，在決策時每人都有一票。而聯盟會在背後提供專業的事務服務和監管架構的支援。所以在這樣的聯盟中，每家銀行可以設計得非常小，就像一個「小盒子裡的銀行」（bank in a box）。[15]

關於這一類的地方銀行，其中一個好例子是雅芳互助銀行（Avon Mutual）。雅芳互助銀行創辦人兼總裁、同時也是民主合作組織研究員的朱爾斯・派克（Jules Peck）描述了地方銀行的新運動：「這些聚焦於地方、懷有使命感的社區銀行將會開始擾亂銀行業，也會把永續發展、人與地球的關係放到英國投資領域的心臟地帶。」[16]

## 在地發展，國家支援

面對國家的緊縮政策和銀行資本的外逃，普雷斯頓在這樣的困境中幾乎都是靠自己採取行動的。然而，這座城市最終還是需要國家政策的支援。這是建設民主式經濟的關鍵一課：新創政策能夠在（而且往往在）地方萌芽。但要擴大規模，就需要政府政策，尤其是整個國家層面的政策。

英國工黨提出了一系列計畫，希望建立一個對實體經濟有益的金融體系。計畫中包括仿效德國復興信貸銀行（KfW）等其它成功的開發銀行，來成立英國投資銀行（UK Investment Bank）。德國復興信貸銀行擁有超過五千億歐元的資產，金融危機期間它在德國發揮了穩定金融的作用。在二〇〇七年至二〇一一年期間，儘管英國的銀行減少了放貸，但是德國復興信貸銀行的企業貸款卻增加了百分之四十。尤其，德國復興信貸銀行有針對中小型企業的特殊貸款計畫。它與在德國分布廣泛的地區儲蓄銀行一起發揮作用，建立了一個多樣化、在地化、健康穩定的銀行業生態體系。[17]

在美國也有類似的例子，例如州政府持有的北達科他銀行（Bank of North Dakota）。北達科他銀行在金融上支援了許多地方銀行和地方信用合作社。因此，北達科他州的人均地方金融機構數量，接近美國總體平均的六倍。正是因為有了這樣的銀行體系，北達科他州才安然度過了二〇〇八年的經濟衰退。這樣的例子，也激發了人們開始思考在紐約、洛杉磯、舊金山、聖路易斯、新墨西哥和紐澤西等地設立國有銀行的熱潮。[18]

## 集中式榨取經濟VS分散式在地金流

在上述這些討論中，可以看到思考金融為何存在的兩種不同方式。在榨取式經濟中，金融是為了資本精英而存在，目的即是創造最大利潤。也就是說，在這個金融模式裡，對地方毫無貢獻的倫敦金融城（City of London）或華爾街人士往往會從社區中吸走財富。

另一方面，民主式經濟中的金融模式則比較接近珍・雅各（Jane Jacobs）的願景。雅各是作家也是社會運動分子。她曾寫過一篇文章，內容是探討如何透過分散各地的地方金流，促進廣泛而非少數人的繁榮。雅各曾在紐約市帶領一場成功的社會運動，把格林威治村從建築大師羅伯特‧摩斯（Robert Moses）的拆屋錘之下拯救出來。摩斯運用自己的現代主義建築思想，設計了一條高高聳立在城市上空的十車道高速公路。如果修建了這條高速公路，許多密集的城市街區必然得夷為平地。於是，雅各和她那幫懷抱地方鄉土情懷的一般平民起而抗議，最後成功攔阻了高速公路的建設。雅各在談到摩斯的高速公路建設時曾寫道：「這不是都市更新，這是都市毀滅。」[19]

珍‧雅各在後來出版的《經濟的本質》（*The Nature of Economies*）一書中指出，一個系統要有經濟活力，就必須要讓能量在整個系統中流動。相反地，摩斯的理想就像那些大銀行的理想一般，我們可以把他們的理想比喻成養活某個社區的單一混凝土管道。另一方面，雅各的理想則是無數條小溪匯成的河流，多樣小溪能蜿蜒流過社區，覆蓋更廣、整體景觀更豐富。所以，對特定群體和特定狹隘目標來說，第一種方法可能更有效率。但第二種方法對整個體系來說，則更具韌性。[20]

## 金融化和崩潰

近幾十年以來，榨取式經濟一直在全力運行，最終導致了學者們所說的「金融化」（financialization）現象。凱文・菲利普斯（Kevin Phillips）認為金融化就是一個金融影響力不斷增長的社會過程，這個過程中金融服務逐漸取代「國家經濟中曾經占有主導地位的經濟、文化和政治力量」。在一九八〇年代，雷根和柴契爾政府鬆綁了金融管制，使得金融業、保險業和房地產業（統稱為FIRE 產業（Finance, Insurance, Real Estate sector））緊密交織在一起，幾乎可以被當作全新的單一產業部門。隨著這個產業想出更多增加收入和資產的新方法，經濟重心發生了轉移。於是，製造業提供給國內生產總值的量減少了，而金融業卻多了非常多。也因此，普通人分配到的經濟果實減少了，但金融界的精英卻拿到了更多。[21]

在第二次世界大戰結束的幾年裡，製造業（在實體經濟中製造東西）大約占了美國國內生產總值的百分之三十，而金融服務業則占了百分之十一。到了二〇〇〇年，情況逆轉了。FIRE 產業的收入達到國內生產總值的百分之二十。

相比之下，製造業的占比則下滑至百分之十五以下。正如菲利普斯所說，我們的經濟從製造生產東西，變成製造生產債務。[22]

我們可以更具體地想像這種風險：把金融經濟想像成一個放在實體經濟上方的球體，它正在利用實體經濟的能量，卻搖搖欲墜。這就像把債務放在你的肩膀上一樣。金融經濟本質上是資產的集合，例如股票、債券、貸款和房貸的集合。而金融經濟有權索取實體經濟的果實。在這種制度中，每個人在債務上欠的一塊錢，都是另一個人的資產。公司股權的作用也很類似，股東有權索取公司的收益。

以英國為例。一九九〇年，產業私部門（private sector）[*18]的金融資產（包含證券、貸款、股票、退休金、保險）大約是國內生產總值的四倍。換句話說，債務資產大約是經濟活動的四倍，而後者卻要支撐前者。但是這還不夠，隨著榨取式金融經濟繼續加速運轉，它要尋找更多的房貸、更多的利潤、更多的債

*18 這裡的私部門，相對於公部分，指的是所有非國家掌控的經濟活動。例如民營企業、家庭或個人財產等等都屬於私部門經濟。

務，最後金融債務資產的總和大量膨脹。到了二〇〇六年，這一項債務負擔再膨脹了兩倍左右。現在，金融債務是國內生產總值的八倍左右。類似的趨勢也出現在美國和世界各地。[23]

這一切就是二〇〇八年金融危機的伏筆。因為房屋抵押貸款機構已經用完所有低風險的房貸，所以為了更多利潤成長，他們開始不計後果地發放那些永遠無法償還的房貸。結果就是金融財富變得太多了。然而，由於金融體系的本質就是貪得無厭，它本身的邏輯無法理解所謂「太多金融財富」是什麼概念。因此，越來越多債權還有越來越多荒謬的債權被製造出來。直到債務負擔超過了實體經濟的承受能力。於是，這個系統進入了財務透支的階段，就像生態透支了一樣。[24]

然而，政府回應金融危機的方式，則是繼續支持榨取式金融體系。這將導致悲劇重演。就如同英國經濟分析師霍華德・里德（Howard Reed）所觀察到的一般，英國金融業在金融危機後雖然出現萎縮，但是又在二〇一五年之後重新開始擴張。「更令人震驚的是，」他寫道，「英國產業私部門的債務總額，包括證券、貸款、股票和保險等等，從一九九〇年占國內生產總值的百分之四百三十，上升至二〇一七年的百分之九百六十。」[25]（見圖二。這裡債務的定義是民營企業和家庭的證券、貸款、股票、退休金和保險等債權，而不是政府債務。）

簡而言之：英國產業私部門的金融債權現在幾乎是國內生產總值的十倍。但是，沒有任何一個有生命的系統，能夠一直維持快速成長。癌症細胞試圖這麼做，於是，它在過程中殺死了宿主。

金融經濟從實體經濟中榨取了太多資源這件事，對普雷斯頓和英格蘭北部的某些地方來說，就不只是抽象的說法而已。在那裡，經濟財富是有系統地從當地人民身上榨取，然後交給相當於英國華爾街的倫敦金融城來控制。工黨的約翰・麥克唐奈說，按人均計算，英國政府在北方的投資額只有倫敦的一半。[27]

榨取式金融經濟的問題不僅在於它對勞動階級不公平，或是在於它期待經濟無止境的成長、加劇生態危機等等，它的嚴重問題還在於這個體系的內爆是遲早的事。它就像是一條貪食蛇般，正在吞食自己的尾巴。

國際貨幣基金組織（IMF）警告說，新一代金融危機的烏雲已經密布；億萬富翁、投資者保羅・都鐸・瓊斯（Paul Tudor Jones）要大家特別注意「全球

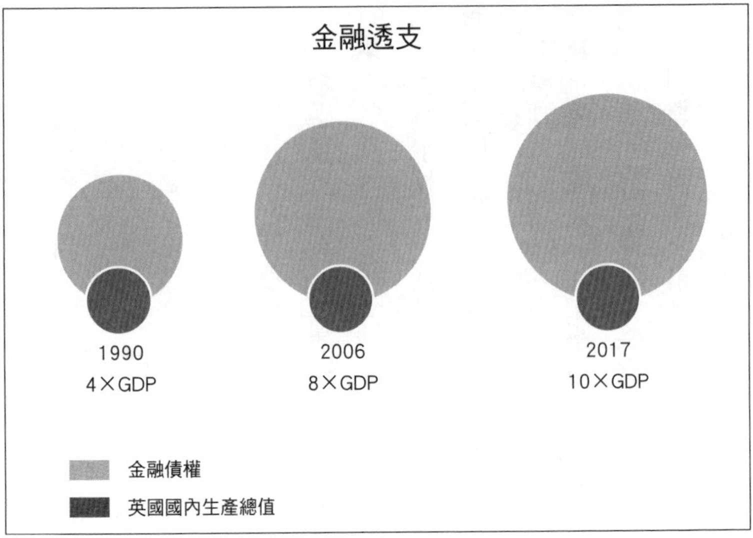


圖二　在一九九〇至二〇〇六年期間，英國產業私部門債權與國內生產總值比率增加了兩倍，從四倍升至八倍。這個現象也助長了二〇〇八年的金融危機。然而今日，英國產業私部門的債權負擔更大，已經成長到了國內生產總值的十倍。[26]

債務泡沫」；基金經理人吉姆・羅傑斯（Jim Rogers）則預測，一場七十六年以來最大的金融危機即將發生。金融界早已開始討論「一切皆是泡沫」，因為股票、房地產和其他資產的價值早已過度上漲。此外，《紐約時報》也提到：「什麼會是壓垮駱駝的最後一根稻草？」[28]

## 為道德金融鋪路

對於那些對建立民主式經濟感興趣的人來說，重要的問題是：面對下一個金融危機，政府會再次支持榨取式金融體系嗎？還是我們可以抓住機會，推進民主式經濟的金融制度？我們的同事湯瑪斯・漢納寫道：「還有另一種前進的方式，也就是讓金融機構長期公有化。」其實在上一次的金融危機中，美國政府實際上已經把一些大型金融機構收歸國有，只是後來又再讓它們回復成私人企業。在英國，政府仍然控制著蘇格蘭皇家銀行（RBS）。納稅人在二〇〇八年給蘇格蘭皇家銀行高達四百五十億英鎊的紓困。新經濟基金會（New Economics Foundation）已經提議讓蘇格蘭皇家銀行完全公有化，變成一個有一百三十家地方銀行的金融聯盟。在美國，漢納也提出了類似的建議：在下一次的金融危機中，政治人物應該考慮將破產的私有銀行永久轉移成公有銀行。[29]對於進步派人士來說，明智的做法就是開始制定這樣的計畫。現在看來稀奇古怪的事，在金融危機中會變得非常實用。

還有許多其他方法能為道德金融鋪路，包括社會責任投資（例如從化石燃料產業撤資）、支持綠色債券和影響力投資。隨著嬰兒潮一代的逝去，歷史上最大的財富轉移潮即將到來，轉移的總額估計約為五十兆美元。[30]其中，許多資產的繼承者將是女性，而女性就像許多千禧世代的投資者一樣，通常更傾向採納道德投資的方法。[31]

想像一下這個情境：我們是為了人類和地球而投資，也因此推進民主式經濟制度，在其中創造廣泛的資產所有權、確保巨額財富不再只是掌握在少數精英手中。那麼，要怎麼達到這個目標？其中一種方法就是採取員工所有權制度。例如在克里夫蘭，長青合作社的領導階層布雷特・瓊斯（Brett Jones）和約翰・麥克米肯（John McMicken）最近與策略顧問潔西卡・羅斯（Jessica Rose）（也是我們民主合作組織的同事）一起合作，建置了新的員工所有權基金。這個基金目前由長青合作開發基金（Evergreen Cooperative Development Fund）管理。長青合作開發基金曾大力幫助了長青合作洗衣社（克里斯・布朗在入獄三年後更生就業的地方，他在這裡晉升為廠房主管）的運作。

在羅斯幫助下新成立的員工所有權基金會收購私人持股公司，然後將其轉換為員工持股公司，同時在社區中留下財富、為投資者創造社會價值，並提供好工作。這個基金的概念會在俄亥俄州的東北部進行驗證，之後打算推廣到全國。建立這個基金的目的是為了讓企業老闆們知道，他們可以藉助受社會使命感驅動的資本力量來賣掉公司。同時，這種方法也提供給老闆們一種「和其他可行退場方案一樣的舒適體驗。」潔西卡說道。[32]

在民主合作組織，我們認為資本是實現員工所有權規模化的過程之中，不可或缺的關鍵因素。例如，美國勞動資本公司（American Working Capital）的投資銀行家迪克・梅（Dick May）認為，如果我們能夠拿到一千億美元的聯邦貸款擔保，就能吸引大量的私人資本，從而在十年內創造出一千三百萬名新的員工所有權人，這會是目前人數的兩倍。[33] 這就是在建設民主式經濟的過程中，資本發揮重要作用的一個好例子。

*

隨著越來越多的城市邀約馬修・布朗，泰德終於找到了資金，讓馬修能成為民主合作組織的一名資深研究員。這也讓馬修能全心全意地去推廣普雷斯頓模式。「我終於自由了」馬修告訴我們。然而對馬修來說，「自由」代表每週工作五十到六十個小時，同時必須不停地出差。

「有八到九個倫敦市區議會對這個模式很感興趣，」馬修說道。「蘇格蘭政府也對此很感興趣。威爾斯議會正在考慮，還有利物浦的市長。」他繼續補充道：「有興趣的人實在太多。我們甚至被邀請到唐寧街十號（譯注：英國首相官邸）的政策辦公室去演講。這個模式就是有這樣的價值。」[34]

「早些時候，當我提出那一切想法時，大家雖然都很喜歡，但他們也會質疑，這真的辦得到嗎？」馬修回憶道，然後他接著說：「然而現在，大家都很興奮。四十年來，我們別無選擇，只能勉強應付著城市的經濟衰退。現在，隨著我們建立了退休基金、錨定機構、生活基本工資、員工合作社、信用合作社和地方銀行，我們真的在建立民主式經濟制度了。」

結論

# 從榨取式經濟到民主式經濟

## 思考前方道路的下一步

「世界上大部分值得去做的事，在做之前都被認為不可能辦到。」

——路易士・布蘭代斯（Louis Brandeis）

「我們正處於一場系統性危機之中，但是卻沒有人在正面處理問題。」加爾對我們民主合作組織的理事會這麼說。說這句話時，加爾和理事會正在我們華盛頓特區辦公室的會議室裡。這是我們在二〇一八年美國期中選舉（mid-term elections）後的第一次會議，而理事會正在討論美國眾議院控制權的轉變可能帶來的影響。「這不僅是關乎更多的政策而已，」加爾提醒我們。「我不認為現在的問題是如何集結盟友。而是我們如何解釋一個能夠廣納人民、合乎道德的系統到底是什麼？」

「沒錯，我們需要政策，」加爾繼續說道。但危機是在整體系統層面、是在深層的結構之中。這些深層結構讓現今的制度繼續運作，而舊制度中不容置疑的假設讓糟糕的結果變得正常。「我們的工作，」他說，「是幫助人民看到，這些是我們現在可以在現實中建立的東西，而且這些東西將帶領我們走向一個很不一樣的體制。」

當我們兩人（瑪喬麗和泰德）向一群從事經濟改革的工作伙伴發表演講時，加爾所提到的問題以另一種方式浮現了。一位聽眾問道：「把自己和他人放在一起看作同一群體有什麼好處？」他話中的意思是：哦，好吧，但我們明天依然要早起，我們各自有各自的戰鬥。那麼，把我們和他人看成一起為了新體制而努力的同一群體，到底有什麼用呢？

系統理論學家多內拉•梅多斯（Donella Meadows）在她那篇著名的論文《槓桿點：系統的介入之處》（*Leverage Points: Places to Intervene in a System*）中指出，改變系統運作的方法有很多，例如增稅、轉移權力、提起訴訟、設計新結構、規範不良行為、增加激勵措施等等。然而她說，最有效的介入之處其實是在於「心態」（mindset）層面。她寫道：「巨大而未闡明的假設，構成了社會上的思想典範，也就是一套關於世界如何運轉的深層信念。」這樣的典範就是既有體制的根源。[1]

梅多斯說，現有的體制是源於我們「對於現實世界的社會共識。」[2]我們都知道當今的經濟現實：投資者是老闆，員工是手下；公司是一個可以任意擁有和出售的東西；金融財富是稀有的商品，也因此是最珍貴的東西；理想情況下，金融的增長是無限的；投資者賦予的受託人義務是投資界和企業界最重要的道德責任；國內生產總值和資產負債表就代表了一切；勞動收入是一項需要削減的支出；世界上沒有所謂的太多利潤或太多財富；人們貧窮是因為他們自己的錯。

我們可以想像一種不同的典範、一種不是以資本為中心的模式。它從生命的角度出發。在這樣的模式中，現實看起來是這樣的：世界上只有一個系統，那就是地球。它的珍貴價值無法估量；經濟活動和其他地球上的一切都是這個大系統中的子集合；成長是有極限的；公司是人類的社群、也是生活系統，員工自然而然作為成員參與其中；經濟制度和經濟活動的目標，在於聰明地管理我們的共同資產和追求共同的福祉；我們都在同一個系統之中，都應該擁有人性尊嚴和基本權利；成功的機會是每個人應得的。此外，長期被排除在外的人、被舊體制剝削的人都應該獲得更多的幫助。

當我們用清晰、道德的眼光來看待這些討論時，就會發現民主制度是為了追求每一個人的幸福而存在；政治上的民主和經濟上的民主就是良善社會的左右手。

## 正當性的道德力量

就像人們理解了非白人和白人都有平等的人性尊嚴一樣，或是理解了女性不附屬於男性、沒有所謂的君權神授一樣，我們都會理解到民主式經濟的正當合理之處。這些都是改變世界的洞見，也是簡單的真理。當我們看穿這樣的真理，那麼建立在陳舊想像上的舊體制就會開始崩潰。他們失去了正當性。無論舊體制擁有多少權力，當事情不再正當合理，任何體制都不可能繼續長存。

種族隔離制度在南非土崩瓦解。君主制的影響力也早已大不如前。MeToo運動打倒了無數的男性當權者。當民眾開始認知到事情的不合理之處，我們就能推翻偏見和歧視所依賴的文化基礎。我們使用的不是蠻力，而是道德力量。

道德力量來自於道德上的團結。在承認性別偏見的行動上，女性成為一股團結的力量。現在如果我們能認識到「資本偏見」的本質，那麼經濟活動的參與者將會成為一股團結的力量。共同的理解能夠創造力量。正如同語言學家喬治・拉科夫（George Lakoff）所言，有效的命名稱呼不是要舞文弄墨，而是為了要看清現實。[3]

如果正當性是我們擁有的其中一項有力的工具，那麼第二項有力的工具就是我們的想像力。這本書就是一部充滿卓越想像力的作品：在舊體制、舊模式正在製造危機之際，這本書提供了想像的藍圖。錨定任務、影響力投資、經濟發展中的社會正義、社區財富建設、員工所有權、B型企業、健康的社會決定因素、公共銀行等概念，都讓我們的想像得以進展。這些也都是民主式經濟成形中所必須使用的術語。當使用這些新術語和新方法的人越多，我們就會變得越強大。是的，團結在一起的我們更強大。在附錄中，我們整理出一份歡迎大家合作的組織列表，提供給大家參考。

## 深層改變的呼聲

在改變的過程中，與行動一樣重要的是道德動機的表達。當洛克菲勒兄弟基金（Rockefeller Brothers Fund）和洛克菲勒家族基金（Rockefeller Family Fund）宣布從化石燃料公司撤資的計畫時（兩者繼承了約翰・洛克菲勒（John D. Rockefeller）石油產業所累積而來的財富），它們同時提供了這樣做的道德理由和財務理由。[4]在這個過程中，他們讓其他人改變了「道德與投資無關」這個錯誤的基本假設。

停止投資化石燃料，轉而從事影響力投資。這是我們許多人都可以開始採行的措施。已經撤資的化石燃料投資金額大約有八兆美元，其中包括愛爾蘭共和國、倫敦市和紐約市的退休基金，以及許多教堂和大學的資金。[5]作為個人，我們可以仔細看看所投資的指數基金是否還持有化石燃料產業的股份。我們也可以找到聚焦於影響力投資的基金和金融顧問。此外，年輕的工商管理碩士和金融專業人士則可以建立新的工具，讓一般大眾更容易親近影響力投資。

至於在銀行的改革方面，我們可以將資金轉移到在地社區所持有的銀行、信用合作社或銀行合作社，並要求我們熟悉的在地機構（例如教堂、退休基金、地方政府）也這麼做。「轉移你的錢」（Move Your Money）這個組織在這方面能夠提供許多幫助。[6]

我們也應該同樣仔細檢查慈善捐款。我們必須繼續支援食物銀行，或用其他方式繼續支援被體制排除在外的人。但同時我們也必須留下百分之五到百分之十的捐款，給那些為了改變體制而努力的組織。

更大膽的慈善行動可以產生催化劑的作用。愛德格・維拉紐瓦（Edgar Villanueva）在《財富去殖民化》（*Decolonizing Wealth*）一書中，建議慈善事業可以實行一項種族賠償計畫：每個基金會將百分之十的資產捐給一個信託基金，而美國原住民和非裔美國人可以向該基金申請補助，用於資產建設計畫。[7]

這一切都是在我們認真考慮如何投資和捐款時，能夠做到的部分。然後再想像一下，當我們帶著相同的道德動機去思考如何管理公司企業、思考我們如何購買商品以及從哪裡購買、思考房地產應該怎麼發展、思考在地政府應該如何補助企業等等，這樣一來會發生什麼事？當我們認識到手邊有實際的替代方案以後，我們就能做出大膽的選擇，走上一條邁向民主式經濟的道路。

## 榨取式經濟禁止入內

我們也需要更多思考，畢竟大問題仍然有待解決，比如要如何在新的路線中處理大型企業？我們需要的是互相合作一起重新打造新的公司架構，而在這過程中或許需要一個政府委員會、一個做研究和召開會議的智庫，以及一個從事學術研究的聯盟。在民主合作組織，我們把這過程稱為「打造下一代企業」。同時我們透過初期研究和舉辦員工持有的B型企業會議，也已經開始動手進行改變。[8]

我們還需要對經濟體制進行全面的反思。例如，我們需要思考哪一種所有權和控制權最適合各種不同的產業部門？此外，我們也需要大膽的想法來限制榨取式經濟的適用範圍，也就是要確立利潤最大化原則不適用於哪些經濟活動。全民健保就是一個好例子。這種制度表明醫療保健是一項基本人權，它重要到不能讓私人企業來控制。

公共製藥公司是另一個類似的概念。一個民主控制、為公共利益服務的製藥產業，將會是民主式經濟的重要示範（也會是一個重要支柱）。這樣的示範也能說明民主式經濟是如何讓公司關注大眾福祉勝於公司利潤。[9]所以，一個公共製藥公司的新模式，就能開始改變當今「利潤最大化應該控制一切」的觀念。

另一個大問題是科技的發展和新世界的到來。在未來，人類的工作將會大幅減少。那麼誰應該持有機器人產業的所有權？加爾曾說：因為科技主要是社會整體的知識累積而成的，它的成果應該分配給社會上的所有人。[10]這要怎麼辦到呢？

在思考長遠計畫的同時，我們也需要一些可以立即付諸行動的想法，並透過實際行動將想法變為現實。正如同加爾那天對理事們所說的：「川普離開的那一天總是會到來，我們要怎麼讓自己準備好？」如今比起從前的任何時候，改變體制的相關議題都更常出現在政策討論之中。不管這些議題是否成功轉換為政策，它們都啟發了需要啟發的對話。

當然還有許多其他的介入手段。例如，多內拉・梅多斯呼應了湯瑪斯・孔恩（Thomas Kuhn）的「典範轉移」概念，談到改變典範的方法：找出舊典範中的破格點和失敗點，讓新典範的支持者增加能見度、獲得權力，並為了新系統建立新模式。

## 基進的希望

我們正在做的是逃離現有金融體制和榨取式經濟的掌控。首先，我們從自己的大腦開始，然後我們可以從社區進展。在建立社區財富的過程中，關注的焦點不是飄忽不定的全球經濟，而是有確切位置的普通人民。社區財富的目標是所有權的在地紮根，並讓民眾廣泛持有所有權。我們要讓權力重新回到社區，而不是把決策交給不在當地的精英階層。這樣才能讓金錢在社區流動的過程中循環利用、增殖成長。此外，人與人之間的關係不再孤立，而是互相合作。記住，重點應該放在資產增值，而不是找錯誤。我們是要讓勞工擁有權力，而不是依賴。還有必須留意，不同地方會適用於不同的策略。譬如在普雷斯頓和在克里夫蘭，有效的方法很可能會不一樣。而在針對文化方面，我們也必須有類似的敏感度。畢竟，儘管核心價值是一樣的，但是能夠讓「鐵鏽帶」的白人勞工產生共鳴的語言，會和能夠激勵松樹嶺拉科塔年輕人的語言完全不同。激勵一群醫院採購主管的語言，也會和說服一群影響力投資者的語言完全不同。貫穿這些語言的核心價值就是包容那些長期被排斥、被邊緣化的人，讓他們回到中心位置。總而言之，這一切想法的種子都來自於基進的希望，也就是在絕望情境下形成的希望。我們相信，當我們讀到、談到這一切，或在身邊縮影目睹這一切時，清晰而有條理的「民主式經濟」觀念，就會開始在我們的腦海中成形。

這一切其實都是從新的觀點開始。「比起系統中的其他部分，典範較難改變。」多內拉・梅多斯寫道，「但典範的改變其實沒有什麼物理上的限制，也沒有什麼特別的負擔，甚至也不是緩慢的過程。尤其在單一個體中，典範的改變可能在一毫秒內就突然發生。它所需要的只是心中一擊，而後嶄新的觀點就會油然而生。」[11]

# 後記

阿迪第亞・查克拉博蒂（Aditya Chakrabortty）
《衛報》資深經濟評論員和專欄作家

我當時做的事，似乎是一場小而魯莽又容易被人忽視的冒險。當時的新聞充斥著幾十年來最大的事件，例如川普當選、英國脫歐、歐洲法西斯主義的復興。而我，一名《衛報》的記者，卻在當時專注於一些最微小的事件。我決定在那一年裡，專心關注那些距離權力很遙遠的小社區，訪問當地的人、為了他們而寫作。我想訪問那些三十年前眼睜睜看著自己工廠倒閉的人，因為在過去的十年裡他們又看著自己的朋友和家人，被前所未有的緊縮政策摧毀。這些地方往往離倫敦太遙遠，因而無法引起英國國會和媒體的關注。這些地方也不太知名，所以大多數英國人根本不在乎。普雷斯頓：離曼徹斯特一小時的車程；普利茅斯（Plymouth）：鐵路的終點站；蘇格蘭東基爾布萊德（East Kilbride）：輕工業園區。這樣你懂了吧？從新聞的角度來看，我大概就是現代的唐吉訶德，拿著長矛、用 google 查看最近的風車在哪，盡是在做些無意義的事。

但是吸引我來到這些地方的原因，並不是因為我想要找機會講更多悲傷的故事。而是因為我發現這些社區已經意識到，他們的問題無法透過來訪的政府官員解決，也無法透過跨國公司的合約簽訂解決。這些都沒用。所以，他們發現如果想解決問題，就必須自己動手。例如，住在利物浦的特蕾莎・麥克德莫特（Theresa MacDermott）和埃莉諾・李（Eleanor Lee）先是避免了自己的房屋被拆除，然後再把自己變成了社區房地產開發商，為當地人建造平價經濟住宅。又或者像是普利茅斯的市議會議員克里斯・彭伯西（Chris Penberthy）。他以微薄的預算，致力於建立一個後工業時代的社會企業聯盟，目標是聘僱七千多位當地居民。還有格拉斯哥市郊的約翰．克拉克（John Clark）和阿利斯泰爾．米勒（Alistair Miller），他們想從自己的印刷公司退休，但又不想讓一些企業禿鷲看著資產負債表挑三揀四。所以他們冒著風險，把公司賣給了六十位員工。

當我在寫那些報導的時候，我知道這些人和他們的政治活動很吸引人，但當時我卻怎麼也沒辦法預期到讀者們激烈的反響。那些報導作品在社交媒體上被一遍又一遍地分享，信件和電子郵件源源不絕地湧入；我們錄製的podcast直到現在仍然吸引著大量的聽眾；地方和中央的政治人物和社會運動人士不斷聯繫，想要得到更多的資訊。讓我特別印象深刻的是，我曾經寫了一篇報導，講的是德國中部的一個小鎮。那裡的居民曾和一家大型能源公司對抗，最後成功奪回輸電網的控制權。然後我就收到了許多來自法羅群島（Faroe Islands）的熱情信件，那裡的人們想要知道他們要如何照做才能成功。後來，由於讀者的要求，我們延長了這整個系列報導，而我寫了比我原先預期還要多很多的文章。那時，我們在普雷斯頓舉辦了現場討論會，即使沒有特別宣傳，門票也在一瞬間賣光了。當我們搬到一個更大的場地舉辦討論會的時候，它又賣光了。而當討論晚會一結束，一些觀眾就走去對面的雜貨店。後來有人跟我說，觀眾在賣水果和蔬菜的走道之間繼續熱烈討論。

為什麼會這麼受歡迎呢？部分原因是因為這些都是了不起的故事（希望你們發現這件事了）。但當然不僅如此，另一個重要原因是這些故事駁斥了四十年前瑪格麗特・柴契爾（Margaret Thatcher）的那一句尖酸刻薄的話：別無選擇（There Is No Alternative）。這句話是她從當時主流正統的觀點中所提煉而來的。別無選擇，也就是除了把錢交給富人、侵入公共領域、給金融中心更多權力、讓金融成為你的金雞母之外，你別無其他選擇。好吧，但在金融危機摧毀了柴契爾世界觀的十年之後，這裡其實有一些替代方案，而讀者聽眾們顯然想知道更多。

當然，這些替代的選擇並不完美。畢竟故事中的他們都是活生生的人，在真實世界的限制之下努力著，加上他們通常只有很少的錢（但攝取了很多咖啡因）。他們正在努力為自己、家人和社區創造一個值得美好生活的未來。就在你剛讀完的書中，瑪喬麗・凱莉和泰德・霍華德也講述了類似的故事。

就像凱莉和霍華德一樣，當我開始探索我們的經濟體系要如何重新結合民主這個概念時，我尋找的是實驗而不是模版。隨著時間的進展，我希望看到這些替代方案繼續成長茁壯。這不代表說大家一定要複製普雷斯頓或克里夫蘭的成功模式。民主式經濟應該是一個多樣化的模式，它必須反映在地人民的需要和想望。但是要讓民主式經濟萌芽，我們需要先解決凱莉和霍華德所提到的「資本偏見」。這樣的偏見讓替代方案沒有足夠的資源繼續運作，同時又讓當今金融界的資金源源不絕灌注到現有的經濟體制。但正是這個舊有經濟體制出現了問題：租金高漲、財富榨取、更多的二氧化碳被排放到空氣裡。

我們大多數人的生活節奏，並不像政治或媒體圈所要求的那樣極度快速。我們的生活並不是速報或最新頭條新聞。在英國，很少民意調查會去研究人們真正想從經濟中獲得什麼。不過極右派智庫列格坦研究機構（Legatum）倒是在二〇一七年發布了一份這類的調查報告。受訪者最關心的生活問題依序是：食物和水；警察和消防；全民健保；一間好的房屋；一份不錯的高薪工作；義務教育和免費教育。排在最後幾項的是擁有一輛汽車、社交媒體和平價航空。

讀著列格坦研究機構對這項調查的評語，你應該會感受到強烈的困惑。調查報告的最後，作者總結道：「這個國家中很大一部分的人民……強烈地反對資本主義。」當我們這個時代的主流世界觀，還把公眾對食物和水等生活必需品的渴望當作意識形態上可疑的東西時，你就知道，這是起身尋找另一種選擇的時刻了。

# 附錄

## 民主式經濟相關組織列表

為了幫助讀者參與民主式經濟，我們在這裡提供了一個列表（當然這份列表還可以不斷擴充）。列表中的組織（譯注：以美國為主），都正在努力推廣或建立民主式經濟的基本原則。此外，這裡列出的許多全國性或國際性組織，在許多城市和鄉村都有地方分會或合作夥伴，每個組織都正努力從事在地社區的建設工作。

# 關於不平等、種族正義以及資本偏見

種族和經濟研究暨行動中心 Action Center on Race and the Economy (ACRE) Institute:
連接各地種族正義運動的樞紐組織，同時也研究榨取式經濟體制和金融化的社會影響。
https://www.acreinstitute.org

政策研究中心 Institute for Policy Studies:
進步派智庫，致力於建立一個更公平、更和平、生態更永續的社會。
https://ips-dc.org

政策連結組織 PolicyLink:
研究和宣導組織，推廣他們的理念「公平是更好的經濟成長模式」。
https://www.policylink.org

羅斯福研究中心 Roosevelt Institute:
政策和研究智庫，目標是改寫現今不平等的經濟規則。
http://rooseveltinstitute.org

## 關於民主式經濟的提倡和規劃

社區改革組織 Community Change:
進步派社區組織團體，致力於增加低收入戶（特別是非白人低收入戶）的經濟能力和權力，為他們社群的未來而戰鬥。
https://communitychange.org

傑克森合作組織 Cooperation Jackson (Mississippi):
位於密西西比州的組織，致力於促進美國南方棉花州經濟上的團結和自決，並鼓勵在地方上努力的運動人士。
https://cooperationjackson.org

美國民主社會主義組織 Democratic Socialists of America:
近期正在迅速發展的一間會員組織，讓一度被視為禁忌的詞「民主社會主義者」成為地方上的組織力量。
https://www.dsausa.org

NDN 集團 NDN Collective:
連結原住民部落和非營利組織的平台，目標在於提倡原住民權力，以促進改革解決方案。
https://ndncollective.org

新經濟聯盟 New Economy Coalition:
匯集兩百多家組織的聯盟，目標在於建立互相連結的網狀交流和平台，以推動新經濟的發展。
https://neweconomy.net

新經濟計畫組織 New Economy Project (NYC):
位於紐約市的經濟組織，致力於組織運動反對當前經濟弊端，並尋求改革解決方案。
https://www.neweconomynyc.org

人民行動組織 People's Action:
致力於串連全國的社區建設力量，建立連結以推動長期改革。
https://peoplesaction.org

## 關於金融和投資

影響力投資全球聯盟 Global Impact Investing Network (GIIN):
影響力投資推廣組織，致力於增加國際上的知識交流，以推廣影響力投資。
https://thegiin.org

美國國家社區再投資聯盟 National Community Reinvestment Coalition:
六百多家社區組織所組成的聯盟，目標是反對當今金融體系中的投資縮減和歧視。
https://ncrc.org

公有銀行研究中心 Public Banking Institute:
研究和宣導金融體制改革的樞紐組織，致力於促進公有金融機構的方案。
https://www.publicbankinginstitute.org

社會資本市場連結平台 Social Capital Markets (SOCAP):
致力於促進影響力投資和社會企業創業的連結資源和平台。
https://socialcapitalmarkets.net

勞動世界組織 The Working World:
創新的非營利貸款機構，目標是以非榨取式金融的方式推動員工合作社的發展。
https://www.theworkingworld.org

## 關於員工所有權和進步企業

美國永續企業理事會 American Sustainable Business Council:
代表二十五萬家企業的理事會，目標是維護三項最重要的事物：人民、地球和經濟繁榮。
http://asbcouncil.org

民主運作研究中心 Democracy at Work Institute:
研究員工合作社的機構，一直以來提供合作社發展的相關資源。
https://institute.coop

B型企業實驗室 B Lab:

B型企業實驗室是一間注重社會公共利益的非營利組織，致力於服務全球公民，讓每個人都能把商業作為一種促進良善的力量來使用。

https://bcorporation.net

員工持股計畫組織 The ESOP Association:

美國員工持股計畫遊說組織，目標是推廣員工持股計畫。此組織在許多美國公司內部設立了地方分會。

https://www.esopassociation.org/

ICA 聯盟 ICA Group:

歷史悠久的產業合作社聯盟，致力於開發新創模式，以建立民主式的工作場所。

https://ica-group.org

美國國家員工所有權研究中心 National Center for Employee Ownership:

員工所有權的資訊和研究交流中心。

https://www.nceo.org

員工股份計畫組織 Project Equity:

為企業所有權人、在地政治人物和社區領袖所建立的組織，目標是促進員工所有權制度。

https://www.project-equity.org

## 關於公平合理的地方經濟

生活經濟商業聯盟 BALLE (Business Alliance for Local Living Economies):
在地經濟社群組成的聯盟，致力於促進公平永續的金融和商業發展。
https://bealocalist.org

希望之國 Hope Nation:
主要客戶為原住民社群的顧問公司，致力於促進原住民社群的社區財富建設。
https://www.hopenationconsulting.com

羅伯特企業開發基金 REDF (Roberts Enterprise Development Fund):
社會企業推廣基金，目標是幫助面臨就業障礙的人們，成立以來已經為他們創造了三萬多個新工作機會。
https://redf.org

## 關於重新掌控土地、住宅和社區

社區進展研究中心 Center for Community Progress:
策略研究機構，致力於推行社區引導的發展，讓社區擁有並改造城市公共空間。
https://www.communityprogress.net

基礎建設解決聯盟 Grounded Solutions Network:

研究和實踐的資源連結聯盟，目標是推廣社區永久持有的平價住宅。

https://groundedsolutions.org

城市權益聯盟 Right to the City Alliance:

社會運動聯盟，致力於促進住宅和城市發展的正義。

https://righttothecity.org

## 關於社區的醫療保健系統

建立地方健康聯盟 Build Healthy Places Network:

聚焦於醫療保健問題的平台，目標是探索醫療保健公平性與社區發展之間的關係。

https://www.buildhealthyplaces.org

無傷害健康保險組織 Health Care Without Harm:

致力於促進醫療保健領域對永續性的關注。

https://noharm.org

健康根源聯盟 The Root Cause Coalition:
聚焦於醫療保健問題的聯盟，目標是推行跨產業部門的合作，一同解決社區醫療保健的「社會決定因素」。
https://www.rootcausecoalition.org

## 關於環境轉型正義

亞太環保聯盟 Asian Pacific Environmental Network (Oakland):
關心亞太地區的環保組織（位於奧克蘭），致力於環境正義的示範建設和推廣。
https://apen4ej.org

氣候正義聯盟 Climate Justice Alliance: Grassroots network of frontline communities fighting for an equitable response to climate crisis.
基層的社區環保聯盟，目標是推行用公平的方式應對氣候危機。
https://climatejusticealliance.org

翡翠城合作組織 Emerald Cities Collaborative:
城市之間的合作組織，為地方的永續經濟發展創造更合乎道德的策略。
https://emeraldcities.org

國際石油改革組織 Oil Change International:
研究和宣導組織，關注停止開採化石燃料的當務之急。
http://priceofoil.org

日出運動組織 Sunrise Movement:
青年社會運動組織，積極宣傳「綠色新政」。
https://www.sunrisemovement.org

向上組織 Uprose（NYC）:
以社區為本的動員宣傳組織（位於紐約市），推行城市正義、氣候適應力和城市韌性之間的連結。
https://www.uprose.org

## 美國以外的組織

在地經濟戰略中心 CLES（Centre for Local Economic Strategies）（UK）:
串連社區的在地經濟組織（位於英國），提出以「社區財富建設」為基礎的經濟發展願景。
https://cles.org.uk

政治動能組織 Momentum (UK):

以草根運動為根基的政治組織（位於英國），致力於推行政治和經濟的轉型和改革方案。

https://peoplesmomentum.com

新經濟基金會 New Economics Foundation (UK):

新經濟研究機構（位於英國），目標是找尋促進經濟正義的政策和解決方案。

https://neweconomics.org

組織新經濟聯盟 New Economy Organisers Network (UK):

研擬策略和推行新經濟的聯盟（位於英國），目標是累積社會運動能量，並改變社會上政治和經濟的討論議題。

https://neweconomyorganisers.org

跨國新經濟智庫 Transnational Institute (Amsterdam):

集合不同產業合作的國際智庫（位於阿姆斯特丹），致力於推行為公共利益服務的新經濟體制。

https://www.tni.org

# 致謝辭

要建立民主式經濟，需要許多人的聰明才智和血汗。如果沒有他們，我們也就不可能完成這本書。首先，我們特別感謝加爾・阿爾佩羅維茨對「民主合作組織」和「下一代系統」計畫的遠見卓識。我們也要感謝出版社發行人史蒂夫・皮爾桑蒂（Steve Piersanti），在他的鼓勵和建議之下，我們的寫作更加清晰而直接。我們也感謝校稿人麗貝卡・萊德（Rebecca Rider），有她完美的校對和修改，才有完美的作品。感謝莫琳・福伊斯（Maureen Forys）的排版和設計，還有所有貝雷特科勒出版社（Berrett-Koehler Publishers）的人員，和他們合作讓我們感到非常榮幸。我們也必須向娜歐蜜・克萊恩和阿迪第亞・查克拉博蒂表示最深的謝意，感謝他們慷慨同意，讓我們用他們美妙的前言和後記來點綴這本書。瑪喬麗也要特別感謝莎拉・史特拉漢（Sarah Stranahan），莎拉從一開始就從旁協助研究，直到最後都在負責查核事實的工作。莎拉，你是我們的寶貝，也是我的摯友。我們還要感謝以賽亞・普爾（Isaiah Poole）。在編輯過程中，他才華洋溢的手法讓我們的緒論那一章變得更加流暢，同時他也用許多其他方式拯救了這部作品的初稿。還要感謝卡倫・卡恩（Karen Kahn），他對書標的取名，讓我們如獲天賜之物。

我們也要用最誠摯的心，感謝在本書中接受我們訪問、拜訪和引用的每一個人。他們的工作就是這本書的核心。感謝長青合作社的約翰・麥克米肯和布雷特・瓊斯，很感謝他們繼續發展這間重要的公司，讓長青合作社成為民主式經濟的典範，也成為許多人的燈塔。同時，我們要向同事潔西卡・羅斯致敬，感謝她與布雷特和約翰共同建立了「員工所有權基金」。你們把長青公司鼓舞人心的能量提升到了新的高度。對於泰德來說，幫助長青公司發展，是他人生中最重要的事。他想感謝印第・皮爾斯・李、羅恩・理查、莉蓮・庫里，以及所有的錨定機構領導人和所屬商業發展團隊，包括克里夫蘭經濟發展部的崔西・尼科斯。我們也要特別感謝克里斯・布朗願意分享他的人生歷程，也特別感謝戴爾・馬哈里奇讓我們認識了克里斯。

此外也要感謝我們的前同事史蒂夫・杜布。如果沒有他，長青合作社和民主合作組織就不會存在了。他的智慧和洞見深入本書的每一頁。我們和整個組織都非常感謝你，史蒂夫。

我們也必須感謝「學習／行動實驗室」計畫的所有參與者。這些參與者曾點醒了我們，也教會了我們共同學習和共同創造的重要性。感謝莎拉・麥金利和吉爾・班伯格主持了這項改變我們人生的計畫，也感謝他們在這個過程中總是讓我們興致勃勃想要學到更多。非常感謝賈斯汀・惠尼曼（Justin Huenemann）和卡拉・米勒（Karla Miller）對這個計畫的貢獻。同時，我們非常欽佩尼克・蒂爾森、卡林・亨特、馬克・蒂爾森、莎莉斯・大衛、喬・懷特以及我們在雷谷社區發展公司和松樹嶺所遇到的每一個人。能與你們一起合作，我們感到很榮幸。我們也要感謝瑞伊・托爾、史蒂芬妮・古鐵雷斯，以及「希望之國」的克里斯汀・瓦格納，感謝你們的拉科塔語翻譯，還有對於社區財富建設的支持。

我們還需要感謝泰隆・普爾、金伯利・布拉納姆、凱薩琳・克拉亞克和「繁榮波特蘭」的其他員工，感謝他們大方地分享意見，並在第三章初稿完成時給了我們許多寶貴的建議。感謝艾琳・凱斯勒（Erin Kesler）對第三章的研究和對草稿的貢獻，以及感謝她擔任我們波特蘭之旅的導遊。在克里夫蘭，非常感謝丹尼爾、金・謝爾尼克、史塔西・萬普勒和伊薇特・希律對瑪喬麗的熱情款待。同時也要感謝民主合作組織的理事會成員華特・萊特（Walter Wright）對第四章的建議和評論，並感謝他在「大學圈大行動」運動中的組織和領導。

我們在第五章家庭護理夥伴合作社的訪問和研究中，也得到許多寶貴的知識和建議。這都要感謝安卓麗亞、麥可・埃爾薩斯、瑞克・瑟平和佩吉・鮑威爾。我們也要熱烈感謝我們的前同事羅尼・加爾文，他讓第五章讀起來更好更順暢。

我們還要感謝在EA工程公司認識的新朋友們：勞倫・詹森、伊恩・麥克法蘭、邁克・查諾夫（Mike Chanov）、比爾・盧、彼得・奈、芭布・魯普和愛琳・泰特克。你們的公司氣氛令人嚮往。（話說，我們可以去那裡工作嗎？）還要最熱烈地感謝我們的同事卡拉・桑托斯・史堪蒂爾和氣候突破計畫的贊助者，感謝他們引領並繼續發展了「地球量化寬鬆」這個突發奇想。我們還要給約翰娜・波祖瓦（Johanna Bozuwa）一個大大的擁抱，感謝她對第七章的潤稿。最後，特別感謝湯瑪斯・漢納快速準確找到了關鍵的統計資料，他似乎隨時把這些資料都放在口袋裡啊！

在描述普雷斯頓模式的第八章，我們感謝令人非常欽佩的馬修・布朗，他是了不起的大人物。也感謝泰德在普雷斯頓遇到的每一個人，包括：約翰・麥克唐納、傑瑞米・科爾賓、朱爾斯・派克、尼爾・麥克羅伊（Neil McInroy），以及「在地經濟戰略中心」和「新經濟基金會」的其他人。特別感謝蘭曼經濟公司（Landman Economics）的霍華德・里德，你在最後一刻解救了我們，瑪喬麗欠你一大壺啤酒。此外，任何感謝都不足以表達我們對喬・古楠（Joe Guinan）的謝意，但還是特別感謝你為道德金融的部分提供了寶貴的建議，也感謝你領導了我們的組織。我們還必須感謝美國勞動資本公司的迪克・梅和約瑟夫・布拉西，感謝他們在員工所有權制度領域的研究和想法。感謝桑迪・威金斯、「生活經濟商業聯盟」「RSF 社會金融組織」和「Incourage 基金會」的凱莉・雷恩（Kelly Ryan），以及所有瑪喬麗在當初社區基金會聚會所認識的基金會領袖。

我們組織中理事會的成員也投入了我們的工作和寫作之中。其中特別感謝斯蒂芬妮・麥克亨利（Stephanie McHenry）給了長青合作社第一筆貸款。另外，艾倫・亨德森（Allan Henderson）為本書標題給出了寶貴意見，也讓我們發現之前的初稿中的分析論述缺少了什麼。感謝組織的員工黛娜・坎甯安（Dayna Cunningham）和塔瑪拉・科普蘭（Tamara Copeland）為我們提供了豐富的工作坊課程，加深了我們組織對種族正義的理解，讀者也將在這本書中發現這個成果。最後，感謝瑪麗・埃米尼（Mary Emeny）、華特・萊特和查爾斯・麥克尼爾在許多方面支援民主合作組織，包括提供許多精闢的初稿評論。

民主合作組織能完成如此多的工作，一定必須感謝我們的贊助者，包括：肯德達基金會（Kendeda）的黛安・艾夫斯（Diane Ives）、戴安娜・布蘭克（Diana Blank）和德娜・金伯爾（Dena Kimball）；NoVo 基金會的彼得・巴菲特（Peter Buffett）和珍妮佛・巴菲特（Jennifer Buffett）；新經濟夥伴組織（Partners for a New Economy）的萊斯利・哈倫（Leslie Harroun）；桑那基金會（Surdna）的菲爾・亨德森（Phil Henderson）和肖恩・埃斯考弗里（Shawn

Escoffery）；內森・卡明基金會（Nathan Cummings）的洛倫・哈里斯（Loren Harris）和泰納・麥克菲爾德（Taina McField）；安妮凱西基金會（Annie E. Casey）的查理斯・盧瑟爾（Charles Rutheiser）；克里夫蘭基金會的印第・皮爾斯・李、羅恩・理查和莉蓮・庫里；轉移基金會（Shift）的勞里・施克特和朱莉・施克特（Julie Schecter）；西北區域基金會（Northwest Area）的卡拉・米勒；開放社會基金會（Open Society）的大衛・布賴特（David Bright）和羅賓・瓦格斯（Robin Varghese）；頂峰基金會（Summit）的達里爾・楊（Darryl Young）；凱洛格基金會的珍妮・沃德福德（Jeanne Wardford）；海倫基金會（Heron）的達娜・貝塞拉（Dana Bezerra）和艾米・奧爾（Amy Orr）；新願景基金會（New Visions）的貝絲・范思騰（Beth Versten）和布列塔尼・安德森（Brittany Andersen）；新比利時家庭基金會（New Belgium Family Foundation）的瑪麗亞・麥克弗森（Mariah McPherson）；羅伯特・伍德・約翰遜基金會（Robert Wood Johnson）的艾咪・斯洛尼姆（Amy Slonim）和保羅・塔里尼（Paul Tarini）；科司居基金會（Kresge）的克里斯・卡貝爾（Chris Kabel）和凱蒂・拜爾利（Katie Byerly），以及其他慷慨解囊的組織和個人。

此外，感謝約翰・杜達（John Duda）。他是世界上最有才華的人之一，也用各種不同方式指導了我們的工作。感謝達娜・布朗（Dana Brown），感謝你對公共藥廠討論的建議，那非常及時。也感謝您為「下一代系統」計畫所做的工作。我們也要向彼得・高恩（Peter Gowan）致謝，感謝他對「包容性所有權基金」的重要研究。也感謝亞當・辛普森（Adam Simpson），他讓我們能夠具體思考了下一個經濟系統中的未來科技和工作。感謝卡翠娜・布科瓦茲（Katrina Bukovac），她用無限優雅和沉著的方式，支援了我們所有的工作。還有感謝朗達・科爾曼（Rhonda Coleman），沒有妳我們怎麼辦？

我們還要感謝在民主式經濟領域和我們合作過的關鍵人物，我們從他們身上學到了非常多的知識，包括：梅利莎・胡佛（Melissa Hoover），卡米爾・克爾（Camille Kerr），艾拉・哈卡維（Ira Harkavy），蘭迪・羅伊斯特（Randy Royster），阿什利・加德雷（Ashleigh Gardere），加里・科恩（Gary Cohen），泰勒・諾里斯（Tyler Norris），黛博拉・埃伍德（Deborah Ellwood），米歇林・戴維斯（Michelleline Davis）；「員工股份計畫組織」（Project Equity）的希拉蕊・阿貝爾（Hilary Abell）和艾莉森・林根（Alison

Lingane）；蒙德拉貢合作社的邁克爾・萊扎米茲（Michael Lezamiz）和安德・埃特克斯伯里亞（Ander Etxeberria）；「Yes! 組織」的大衛・科頓（David Korten）和弗蘭・科頓（Fran Korten） 來自維吉尼亞州列治文的塔德・威廉姆森（Thad Williamson）雷吉・戈登（Reggie Gordon）和伊維特・魯特（Evette Roots）；來自紐約州羅徹斯特的華倫（Lovely Warren）、亨利・菲茨（Henry Fitts）和凱特・華盛頓（Kate Washington）；政策連結研究所（PolicyLink）的安吉拉・格洛弗・布萊克威爾（Angela Glover Blackwell）；翡翠城合作組織（Emerald Cities）的丹妮絲・費爾柴爾德（Denise Fairchild）和塔拉・馬爾凱恩（Tara Marchant）；來自連結社區夥伴組織（Nexus Community Partners）的雷帕・梅卡（Repa Mekha）、埃琳娜・加爾德（Elena Gaardere）和特蕾莎・加德拉（Theresa Gardella）；此外，還有李・安妮・亞當斯（Lee Anne Adams）、杰拉爾丁・加德納（Geraldine Gardner）、露西・克曼（Lucy Kerman）、庫爾特・薩默斯（Kurt Somers）、帕特里克・霍瓦斯（Patrick Horvath）和卡拉・賈維茨（Carla Javits）。

真的非常感謝那些仔細閱讀了初期草稿並提出寶貴意見的人，包括：湯姆・克陸絲（Tom Kruse），蜜雪兒・藍姆（Michelle Lam），莎拉・莫德林（Sarah Modlin），肖納利・班納吉（Shonali Banerjee）和米拉・維魯（Meera Velu）。最後，非常感謝雪莉・阿爾本（Shelley Alpern），感謝她閱讀了草稿，感謝她的文法修正，也感謝她在瑪喬麗寫作的過程中（大部分時候）所表現出來的耐心。

# 關於作者（一）

## 瑪喬麗・凱莉（Marjorie Kelly），民主合作組織執行副會長

這本書的主要作者瑪喬麗・凱莉是民主合作組織的執行副會長，同時也是國內公認的社會企業財務設計的專家。她成長於一個商人家庭，父親經營小企業，祖父創辦了安德森工具公司（Anderson Tool），後來他在芝加哥過世。瑪喬麗的社會運動經驗始於厄漢姆學院（Earlham College）。她在那裡主修英文，曾於越戰期間參與反戰示威，後來在密蘇里大學（University of Missouri）攻讀新聞學碩士。在此期間，她接觸到了女性主義，那時她的政治意識才真正開始

覺醒。認識女性主義，讓她開始質疑一直以來學習到的知識及社會隱形偏見。這些都幫助她發展出「資本偏見」的想法。本書將首次探索這項她的創見。

她對集體主義曾有滿腔熱血，但到了威斯康辛州麥迪遜的「威廉森街雜貨合作社」（Williamson Street Grocery Cooperative）擔任董事長之後，她的觀點開始有所轉變。當時合作社的營業額成長了兩倍，接著瑪喬麗開始進行工資差異的改革。原本在這家合作社之中，管理公司一百萬美元營運資金的總經理，和剛進公司一週的進貨員工相比，兩人的工資幾乎沒有差異。

瑪喬麗曾和他人共同創辦《商業道德》雜誌，該雜誌以「一百位最優秀的企業公民」專題而聞名。這個專題票選出美國前一千大市值的公司中，一百家不僅重視股東（stockholders），同時也重視各類社會利益相關人（stakeholders）的企業。在擔任這家雜誌總編的二十多年裡，她目睹了企業在社會和環境責任領域的成長。這樣的成長是存在的，雖然這時期的企業營利的手法也漸趨惡劣，例如大規模裁員、與工會鬥爭、終止傳統退休金，或將營運單位轉移到海外以逃避監管。她在辦雜誌時曾相信，優秀的商業人士能夠改變世界，但她也看到，即便是執行長，也無力對抗金融體系中真正的力量，也就是華爾街對利潤不斷成長的貪婪要求。她在《資本的神聖權利》（*The Divine Right of Capital*）一書中探討了這一分析，該書被《圖書館雜誌》（*Library Journal*）評為二〇〇一年十本最佳商業書籍之一。

為了尋找解決方案，瑪喬麗加入了位於波士頓的智庫特勒斯協會（Tellus Institute），在那裡她與艾倫・懷特（Allen White，全球報告倡議組織（Global Reporting Initiative）的共同創辦人）共同創辦了「企業20／20組織」（Corporation 20/20）。他們聚集了來自商業、金融、法律、勞工和公民社會的數百名領導者，一同探索將社會、生態和金融目標結合在一起的企業設計。她也曾擔任福特基金會（Ford Foundation）財富工程計畫（WealthWorks）的顧問，該計畫的目的是改革美國棉花州（Deep South）和阿巴拉契地區（Appalachia）的農村發展。後來，她也在參議員伯尼・桑德斯（Bernie Sanders）的鄉村政策委員會工作。此外，瑪喬麗曾與尖端資本公司（Cutting Edge Capital）合作，實際動手為私人公司進行社會公益設計。她曾出版了《擁有未來：正在興起的所有權革命》（*Owning Our Future: The Emerging Ownership Revolution*），也曾為《哈佛商業評論》（*Harvard Business Review*）、《新英格蘭法律評論》

（*New England Law Review*）、《執行長》（*Chief Executive*）、《史丹佛社會創新評論》（*Stanford Social Innovation Review*）和《舊金山紀事報》（*San Francisco Chronicle*）等刊物撰稿。

在民主合作組織，瑪喬麗參與了許多專案計畫，例如她幫助了社區基金會發展在地的影響力投資，也與北美原住民領導人合作，強調平等包容的經濟發展。她曾與潔西嘉・羅斯（Jessica Rose）等人共同發起了「五〇五〇倡議」（Fifty by Fifty initiative），目標是到了二〇五〇年的時候，能幫助推動五千萬名員工持有公司所有權。她認為，員工所有權制度是最適合規模化發展的民主式經濟模式。現在，她和妻子雪莉・阿爾本（Shelley Alpern）住在麻州的賽勒姆鎮。

# 關於作者（二）

**泰德．霍華德（Ted Howard），民主合作組織會長**

在重建公平在地經濟和建立社區財富等領域，泰德．霍華德已然成為專家，但這條成為專家的道路是漫長而曲折的。他出生於俄亥俄州，在一九六〇年代的洛杉磯長大，那時他大部分時間都待在聖塔莫尼卡（Santa Monica）衝浪，同時善用自己將近七尺的身高在籃球場上逞兇。一九六八年九月，他進入華盛頓特區的喬治城大學（Georgetown University）外交學院學習，打算成為一名美國外交官，但最終卻加入了反戰組織。在肯特州立大學和傑克遜州立大學發生反戰槍擊事件之後，他在一九七〇年五月幫忙組織了學生罷課，讓喬治城大學從一七八九年成立以來首次關閉。這些運動也讓泰德明白他不可能繼續在越戰時期追求國務院的外交官生涯。於是他從喬治城大學退學，搬回加州，之後在一九七二年幫忙組織了一場抗議，讓尼克森總統計畫在聖地牙哥召開共和黨全國代表大會的計畫泡湯。總統和共和黨在最後一刻，將大會移師到美洲大陸另一角的邁阿密海灘舉行。

回到東岸以後，他開始與傑瑞米・里夫金（Jeremy Rifkin）合作，擔任人民兩百周年紀念委員會（Peoples Bicentennial Commission）的共同主席。這個委員會是一九七六年尼克森／福特總統（Nixon/Ford）建國兩百周年慶祝活動之外的一個激進替代方案。之後，他與里夫金一同撰寫了幾本關於新興技術發展和經濟替代方案的書籍。在一九八〇年代，他轉而與幾個聯合國的機構合作，並在印度和非洲進行了關於解決貧窮和國際經濟發展的「饑餓專案組織」（The Hunger Project）。在海外工作期間，霍華德接觸到了傳統的公共社群模式和後殖民主義經濟實驗。這些經驗讓他明白，榨取式企業資本主義絕非經濟制度的唯一選擇。而後，霍華德帶著這樣的觀點回到一九九〇年代的美國。那時他與歷史學和政治經濟學家加爾・阿爾佩羅維茨（Gar Alperovitz）有了聯繫。一開始霍華德在阿爾佩羅維茨創辦的「國家另類經濟中心」（National Center for Economic Alternatives）擔任執行長。接著兩人在二〇〇〇年共同創辦了民主合作組織。

霍華德目前在民主合作組織擔任會長。在擔任會長的期間，他曾幫忙設計並監督成立克里夫蘭的長青合作社。這間合作社有著充滿開創性的經濟實驗，目標是包容弱勢族群並幫助地方經濟發展。合作社利用當地錨定機構的力量（例如醫院和大學的購買力）培養民主所有權制度，最後讓城市中那些被排斥和邊緣化的社區受益。霍華德想要對這個計畫做出長期的承諾，同時他也認為對美好未來而言，最肥沃的土壤往往存在於目前最貧瘠的地方。這一切讓他在二〇〇七年回到俄亥俄州，並在那裡定居至今。《衛報》將霍華德譽為國際公認「事實上的社區財富建設發言人」。霍華德在地方經濟改革方面的專長，讓各地大學、醫療體系、從阿爾伯克基到阿姆斯特丹的市政府、聯邦準備系統的許多地方分會、英國工黨，以及英國皇家文藝學會等組織都爭相前來請益。

## 民主合作組織

民主合作組織是民主式經濟的研究發展實驗室。到二〇二〇年該組織即將慶祝成立二十周年。民主合作組織由共同創辦人泰德・霍華德和加爾・阿爾佩羅維茨在馬里蘭大學（University of Maryland）建立。成立當時他們其實只想發起一項特別運動，然而到了現在，民主合作組織已經成為一個完整的獨立非營利組織，同時也是發展和實施經濟改革方案的國內外樞紐。組織中的四十名員工主要分布在華盛頓特區和俄亥俄州的克里夫蘭，其他員工和研究員則在波士頓、英格蘭普雷斯頓、比利時布魯塞爾等地工作。我們在理論、政策和實踐上，努力為永續社區經濟創造新模式和新戰略。

民主合作組織一直以來都致力於政治經濟體系的改革。透過模型設計和策略研發，他們的目標是解決引起經濟和生態危機的一些關鍵問題。該組織也是克里夫蘭「長青合作社」的設計者和合作開發者之一。長青合作社包含三家員工持有的公司，主要的發展是由錨定組織（例如非營利的醫院和大學）採購部門來支持。這些公司的模式是社區財富建設和在地經濟發展的一個好例子。在此模式中使用的經濟策略包含：員工合作社、社區土地信託和其他形式的民主和社區所有權。這些由民主合作組織所宣導的方法，已經開始成為各地自治政府和社區改革者的有力工具。這一模式的關鍵是以現有的地方資產來做發展，尤其像是那些大型非營利錨定機構的資產。透過這個方式，我們能夠達到地方經濟發展和包容弱勢族群的雙重目標。

除了在地社區和社群層面，民主合作組織還啟動了多個計畫、平台和聯盟，用來推動更大規模的轉型，讓整個社會和世界朝著重視大眾福祉的民主式經濟邁進。例如，「下一代系統」計畫是在三百多位知名學者和社會運動人士的支持之下發起。目標是為系統性危機時代的系統性解答搭建一個互相合作的平台；「五〇五〇倡議」（Fifty by Fifty）是由員工所有權制度中的參與者所發起的運動，目標是在二〇五〇年打造五千萬名員工老闆。此運動將參考長青合作社的員工所有權基金（Fund for Employee Ownership）；「醫療衛生錨定機構串連計畫」（The Healthcare Anchor Network）正在號召全美的大型醫院和大型衛生體系，目標是一起推進整個產業的地方錨定任務。此外，民主合作組織也在許多地方社區提供諮詢，例如與阿爾伯克基、邁阿密、亞特蘭大和華盛頓特區等地的地方領導人共同努力，一同創造分享大眾並留存在地的財富。

如欲與民主合作組織聯繫，請前往 democracycollaborative.org

# 參考文獻

## 緒論

1 Dale Maharidge, "A Photographic Chronicle of America's Working Poor," Smithsonian Magazine, December 2016.

2 "From John Adams to Mercy Otis Warren, 16 April 1776," Founders Online,National Archives, January 18, 2019, https://founders.archives.gov/documents/Adams/06-04-02-0044.

3 Aldo Leopold, A Sand County Almanac (New York: Oxford University Press, 1966),217–18.

4 Gordon S. Wood, The Radicalism of the American Revolution (New York: RandomHouse, 1991), 8.

5 Michelle Alexander, "We Are Not the Resistance," New York Times, September 23,2018.

6 "From John Adams to Thomas Jefferson, 19 December 1813," Founders Online,National Archives, January 18, 2019, https://founders.archives.gov/documents/Adams/99-02-02-6212.

7 Larry Elliott, "World's 26 Richest People Own as Much as Poorest 50%, Says Oxfam,"The Guardian, January 20, 2019.

8 Chuck Collins and Josh Hoxie, Billionaire Bonanza: The Forbes 400 and the Rest of Us,(Washington, DC: Institute for Policy Studies, November 2017), 2.

9 Data from Berkeley economics professor Immanuel Saez, cited by Josh Baro, "95% ofIncome Gains Since 2009 Went to the Top 1%—Here's What That Really Means,"Business Insider, September 12, 2013, https://www.businessinsider.com/95-of-income-gains-since-2009-went-to-the-top-1-heres-what-that-really-means-2013-9.

10 Federal Reserve, "Executive Summary" from Report on the Economic Well Being of U.S.Households in 2017 (Washington, DC: Board of Governors of the Federal ReserveSystem, May 2018), 2.

11 Humanity is currently using nature 1.7 times faster than our planet's ecosystems can regenerate. World Wildlife Fund, Living Planet Report—2018: Aiming Higher,M. Grooten and R. E. A. Almond, Eds., (Glands, Switzerland: World Wildlife Fund,2018).

12 Mathew Lawrence, Laurie Laybourn-Langton, and Carys Roberts, "The Road toRuin: Making Sense of the Anthropocene," Institute for Progressive Policy Research 24,no. 3 (2017).

13 World Wildlife Fund, Living Planet Report—Risk and Resilience in a New Era (Glands,Switzerland: WWF International, 2016).

14 Joseph Stiglitz, "Of the 1%, By the 1%, For the 1%," Vanity Fair, May 2011.

15 GAO, Contingent Workforce: Size, Characteristics, Earnings, and Benefits (Washington,DC: US Government Accountability Office, April 20, 2015), https://www.gao.gov/assets/670/669766.pdf.

16 Eillie Anzilotti, "Elizabeth Warren's Bold New Plan to Give Corporate Wealth Backto Workers," Fast Company, August 22, 2018.

17 Peter Gowan, remarks at Rutgers University (Mid-Year Fellows Workshop on employee ownership, New Brunswick, NJ, January 13, 2019).

18 Jimmy Tobias, "What If People Owned the Banks, Instead of Wall Street?" The Nation, May 22, 2017.

19 Jonathan Lear, Radical Hope: Ethics in the Face of Cultural Devastation (Cambridge,MA: Harvard University Press, 2006), 7, 94–5, 103, 113, 117–18.

20 Donella Meadows, Thinking in Systems: A Primer (White River Junction, VT: Chelsea Green Publishing, 2008). Quote is from Donella Meadows, "Places to Intervene in a System," Whole Earth, Winter 1997.

21 Elena Kadvany, "Feeding Families," Palo Alto Weekly, July 24, 2015.

22 New State Ice Co. v. Liebmann, 285 US 262(1932).

23 Heather Long, "71% of Americans Believe Economy Is 'rigged,'" CNN Business, June 28,2016, http://money.cnn.com/2016/06/28/news/economy/americans-believe-economy-is-rigged/index.html.

24 George Eaton, "How Preston—the UK's 'Most Improved City'—Became a Success Story for Corbynomics," New Statesman, November 1, 2018.

25 Steve Dubb, "Historic Federal Law Gives Employee-Owned Businesses Access toSBA Loans," Nonprofit Quarterly, August 14, 2018.

26 Rochdale Stronger Together, accessed February 26, 2019, http://rochdalestrongertogether.org.uk/.

27 Michael Haederle, "Healthy Neighborhoods Albuquerque Aims to Create Main StreetJobs," University of New Mexico Health Sciences Newsroom, September 27, 2016, http://hscnews.unm.edu/news/healthy-neighborhoods-albuquerque-ams-to-create-main-street-jobs.

28 Chris Brown, email to Sarah Stranahan, December 10, 2018.

29 James E. Causey, "In Cleveland, Co-op Model Finds Hope in Employers Rooted in theCity," Milwaukee Journal Sentinel, April 27, 2017. Other details from John McMicken,interview with Ted Howard, January 3, 2019, and email from John McMicken, January5, 2019.

30 Maharidge, "Photographic Chronicle of Working Poor."

## 第一章

1 See https://bealocalist.org/first-immersion-balle-rsf-community-foundation-circle. Also see "Aligning Money with Mission," Local Economy Foundation Circle, https://bealocalist.org/local-foundation-circle/.

2 Tech Dump, https://www.techdump.org/who-we-are/; Impact Recyclers, https://impactrecyclers.com/our-members/; Social Enterprise Alliance, https://socialenterprise.us/.

3 "Rush System for Health: Annual Report for the Fiscal Year Ended June 30, 2018,Audited," https://www.rush.edu/sites/default/files/fy2018-annual-report-0618.pdf.

4 Rush University Medical Center, "The Anchor Mission Playbook," The Democracy Collaborative, September 19, 2017, https://democracycollaborative.org/content/anchor-mission-playbook.

5 Marjorie Kelly and Sarah McKinley, Cities Building Community Wealth (Washington,DC: The Democracy Collaborative, November 2015), https://democracycollaborative.org/cities.

6 Michelle Stearn, "Green Taxi Cooperative: Building an Alternative to the Corporate'Sharing Economy,'" The Democracy Collaborative, May 19, 2016, https://democracycollaborative.org/content/green-taxi-cooperative-building-alternative-corporate-sharing-economy.

7 NCEO, "New Data on Number of ESPOs and Participants," Employee OwnershipReport, March–April 2019.

8 Sarah Stranahan, "Eileen Fisher: Designing for Change," Fifty by Fifty, August 15, 2018,https://medium.com/fifty-by-fifty/

eileen-fisher-designing-for-change-f6877b4130f1;Sarah Stranahan, “Employee-Owned B Corp Makes a Great Brew,” Fifty by Fifty,December 5, 2018, https://medium.com/fifty-by-fifty/employee-owned-b-corp-makes-a-great-brew-6cb21df7b56d.

9 John Lewis Partnership, “Now and the Future,” John Lewis Partnership, PLC,Annual Report and Accounts 2018, https://www.johnlewispartnership.co.uk/content/dam/cws/pdfs/financials/annual-reports/jlp-annual-report-and-accounts-2018.pdf.

10 Unofficial estimate by B Lab as of June 19, 2018; https://bcorporation.net/about-b-lab.

11 Mondragon worker count and revenue from “About Mondragon,” MondragonS Coop, accessed January 5, 2019, https://www.mondragon-corporation.com/en/about-us/economic-and-financial-indicators/corporate-profile/.

12 Michael Toye, “Participate Now in the Social Innovation and Social Finance StrategyConsultations,” Canadian CED Network, November 23, 2017, https://ccednet-rcdec.ca/en/blog/2017/11/23/participate-now-social-innovation-and-social-finance.“Quebec Budget: $100 Million for the Social Economy Despite Some Disappointments,”Canadian CED Network, April 6, 2015, https://ccednet-rcdec.ca/en/new-in-ced/2015/04/06/quebec-budget-100-million-social-economy-despite-some.

13 “Remunicipalization,” Municipal Services Project: Exploring Alternatives to Privatization,accessed February 11, 2019, https://www.municipalservicesproject.org/remunicipalization.

14 Thomas M. Hanna, Our Common Wealth: The Return of Public Ownership in theUnited States (Manchester, England: Manchester University Press, 2018), 3, 9.

15 Hanna, Our Common Wealth, 11.

16 The CDFI Fund website lists 1,112 certified CDFIs as of September 30, 2018; United States Department of the Treasury, “Investing for the Future,” Community Development Financial Institutions Fund, https://www.cdfifund.gov/Pages/default.aspx.

17 Amit Bouri,“ Impact Investing: The Next Big Movement,” Medium, May 9, 2018, https://medium.com/@AmitKBouri/impact-investing-the-next-big-movement-b782de8a32d5.

18 Stanford Encyclopedia of Philosophy, “Dewey’s Political Philosophy,” Stanford Center for the Study of Language and Information, July 26, 2018, https://plato.stanford.edu/entries/dewey-political/.

19 Amartya Sen, Development as Freedom (New York: Knopf, 1999).

20 This definition of capital bias—which is original to The Making of a Democratic Economy—draws on the definition of racial bias given by Robin J. DiAngelo, “Whiteness in Racial Dialogue: A Discourse Analysis” (PhS diss. University of Washington,2004), 2, https://digital.lib.washington.edu/researchworks/handle/1773/7867.

21 Herman E. Daly and John B. Cobb, Jr., For the Common Good (Boston: Beacon Press,1989), 5–8, 86–7.

22 BEA, "Gross Domestic Product by Industry: Second Quarter 2018," Bureau of EconomicAnalysis, November 1, 2018, 10–11, https://www.bea.gov/system/files/2018-10/gdpind218_1.pdf.

23 Kelly and McKinley, Cities Building Community Wealth, 21.

24 Ted DeHaven, "Corporate Welfare in the Federal Budget," Cato Institute, Policy Analysis, July 25, 2012.

25 Edward N. Wolff, "Household Wealth Trends in the United States, 1962–2016,"National Bureau of Economic Research Working Paper No. 24085, November 2017.

26 Martha Nussbaum, Creating Capabilities: The Human Development Approach (Cambridge,MA: Harvard University Press, 2011).

27 Abraham Lincoln, "Annual Message to Congress," December 3, 1861, House Divided:The Civil War Research Engine at Dickinson College, http://hd.housedivided.dickinson.edu/node/40507.

28 Marjorie Kelly, "The Divine Right of Capital," Fifty by Fifty, January 17, 2018, https://medium.com/fifty-by-fifty/the-divine-right-of-capital-d6e8cd57f8c7.

29 Carina Millstone, Frugal Value: Designing Business for a Crowded Planet (New York:Routledge, 2017).

30 Marjorie Kelly, The Divine Right of Capital (San Francisco: Berrett-Koehler Publishers,2001).

31 "Report of the World Commission on Environment and Development: OurCommon Future," UN, 1987, http://www.un-documents.net/our-common-future.pdf.

32 George Lakoff, interview with Marjorie Kelly, August 24, 2006.

## 第二章

1 Visit to Pine Ridge, May 28–29, 2015. For information on the Learning/Action Labof The Democracy Collaborative, see https://lab.community-wealth.org/.

2 Quoted in Joyce Appleby, Capitalism and a New Social Order (New York: New York University Press, 1984), 95.

3 Richard White, "Born Modern: An Overview of the West," History Now: Journal of the Gilder Lehrman Institute, Fall 2006, http://ap.gilderlehrman.org/essays/born-modern-overview-west?period=6.

4 John G. Neihardt, Black Elk Speaks (New York: William Morrow and Company,1932), 7–8.

5 Jay Walljasper, "Healthy Snack Invented on Indian Reservation Now Faces Stiff Corporate Competition," Common Dreams, August 10, 2016.

6 Cynthia E. Smith, Curator of Socially Responsible Design, "By the People: Designing a Better America," on display September 30, 2016–February 26, 2017 at the Cooper Hewitt Smithsonian Design Museum in Manhattan.

7 Sarah Sunshine Manning, "A Community Self-Empowerment Model for Indian Country: Thunder Valley CDC, Part I," Indian Country Today, January 15, 2016.

8 Manning, "Community Self-Empowerment Model."

9 "Sustainable Housing Ownership Project," Thunder Valley Community Development Corporation, accessed on February 11, 2019, https://thundervalley.org/program-guide/sustainable-home-ownership-project.

10 Nick Tilsen on many occasions has publicly told the story of the message received from the elders. This quote is taken from remarks by Nick in a video entitled,"Ecosystem of Opportunity: Thunder Valley CDC Documentary," produced by Thunder Valley CDC, aired May 8, 2015, on YouTube, https://www.youtube.com/watch?v=-6aBQ09SjNI.

11 Annie Lowrey, "Pain on the Reservation," New York Times, July 12, 2013, https://www.nytimes.com/2013/07/13/business/economy/us-budget-cuts-fall-heavily-on-american-indians.html.

12 Megan Huynh, "Creating an ecosystem of opportunity on Pine Ridge," The Democracy Collaborative, June 6, 2018, https://community-wealth.org/content/creating-ecosystem-opportunity-pine-ridge.

13 These comments are drawn from multiple sources, including comments made by Nick Tilsen to the Learning/Action Lab in the Regenerative Community Progress Report, November 2014, and in the "Ecosystem of Opportunity: Thunder Valley CDC Documentary," mentioned previously.

14 Neihardt, Black Elk Speaks, 151.

15 Bernie Rasmussen, email to Ted Howard and others, February. 28, 2014.

16 Nick Tilsen, interview with Ted Howard, April 17, 2018. Nick Tilsen, "Transition to Amplify Innovation," video, Thunder Valley CDC, aired Feb. 1, 2018 on Vimeo,https://vimeo.com/253837212.

17 Bryan Lowry and Katy Bergen, "Sharice Davids Makes History: Kansas' First Gay Rep, 1st Native American Woman in Congress," Kansas City Star, November 6, 2018.

18 Stephanie Gutierrez, An Indigenous Approach to Community Wealth Building: A Lakota Translation (The Democracy Collaborative, November 2018), 30, https://democracycollaborative.org/community-wealth-building-a-lakota-translation.

19 Gutierrez, An Indigenous Approach, 27.

20 Daly and Cobb, For the Common Good, 5, 8, 161.

21 Winona LaDuke, "Voices from White Earth," in People, Land, and Community: collected E. F. Schumacher Lectures, ed. Hildegaard Hannum (New Haven, CT: Yale University Press, 1997), 22–25.

22 Neihardt, Black Elk Speaks.

## 第三章

1 Quotes as told to Laura Bliss, "A Portland Startup Is Smashing Barriers to Affordable Housing," City Lab, January 27, 2017, https://www.citylab.com/solutions/2017/01/a-portland-start-up-is-smashing-barriers-to-affordable-housing/514202/.

2 Tyrone Poole, interview with Marjorie Kelly and Erin Kesler, May 9, 2017.

3 Alana Samuels, "The Racist History of Portland, the Whitest City in America,"Atlantic, July 22, 2016.

4 Nikole Hannah-Jones, "Portland Housing Audit Finds Discrimination in 64 Percent of Tests; City Has Yet to Act Against Landlords," Oregonian, May 9, 2011,https://www.oregonlive.com/portland/index.ssf/2011/05/a_portland_housing_audit_finds.html.

5 Poole, interview with Kelly and Kesler.

6 Kimberly Branam, interview with Marjorie Kelly, January 22, 2015.

7 Anne Mangan, "Sweet News: PDC Launches Startup PDX: Challenge," Oregon Entrepreneurs Network, February 14, 2013, https://www.oen.org/2013/02/14/sweet-news-pdc-launches-startup-pdxchallenge/. Portland Development Commission,"PDC Opens 2014 Startup PDX Challenge, Focused on Women and Minorities,"PR News Wire, May 21, 2014, https://www.prnewswire.com/news-releases/pdcopens-2014-startup-pdx-challenge-focused-on-women--minorities-260094581.html. The contest ran three years, 2013–2015. Prosper Portland Staff, phone conversation with Sarah Stranahan, December 19, 2018.

8 Prosper Portland, accessed February 14, 2018, https://prosperportland.us/.

9 Poole, interview with Kelly and Kesler.

10 Katherine Krajnak, interview with Marjorie Kelly and Erin Kesler, May 10, 2017.

11 Krajnak, interview with Kelly and Kesler.

12 Mark Treskon, "Less Segregated Cities Aren't Only More Inclusive. They're More Prosperous,"Urban Wire: Race and Ethnicity,

Urban Institute, March 28, 2017, https://www.urban.org/urban-wire/less-segregated-communities-arent-only-more-inclusive-theyre-more-prosperous.

13 Brandon M. Terry, "MLK Now," essay in "Fifty Years Since MLK," Boston Review,2017, 15.

14 Martin Luther King, Jr., "The Three Evils of Society" speech, Aug. 31, 1967, https://www.scribd.com/doc/134362247/Martin-Luther-King-Jr-The-Three-Evils-of-Society-1967.

15 Lisa K. Bates, Ann Curry-Stevens, and Coalition of Communities of Color,The African-American Community in Multnomah County: An Unsettling Profile(Portland, OR: Coalition of Communities of Color and Portland State University,2014), http://static1.squarespace.com/static/5501f6d4e4b0ee23fb3097ff/t/556d3996e4b09da5e9a521df/1433221526152/African-American-report-FINAL-January-2014.pdf.

16 Alana Samuels, "The Racist History of Portland, the Whitest City in America,"Atlantic, July 22, 2016.

17 Samuels, "Racist History of Portland."

18 Nigel Jaquiss, "Critics Blast a Portland Plan to Divert Money Earmarked for theBlack Community to Help a Health Care Giant," Willamette Week, August 16, 2017,https://www.wweek.com/news/2017/08/16/critics-blast-a-portland-plan-to-divert-money-earmarked-for-the-black-community-to-help-a-health-care-giant/.

19 Eliot Neighborhood, "The Hill Block Project Update," February 4, 2018, https://eliotneighborhood.org/2018/02/04/the-hill-block-project-update/.

20 Walter Johnson, "To Remake the World: Slavery, Racial Capitalism, and Justice,"essay in "Race, Capitalism, Justice," Boston Review, Forum 1, 2017, 26–7.

21 Caitlin Rosenthal, "Abolition as Market Regulation," essay in "Race, Capitalism, Justice,"Boston Review, Forum 1, 2017, 40.

22 "Inclusive Business Resource Network," Prosper Portland, accessed January 6, 2019,https://prosperportland.us/portfolio-items/inclusive-business-resource-network/.

23 Local and Regional Government Alliance on Race and Equity, accessed February 11,2019, https://www.racialequityalliance.org/.

24 "Memphis Sanitation Workers' Strike," The Martin Luther King, Jr. Research and Education Institute, Stanford University, accessed February 11, 2019, https://kinginstitute.stanford.edu/encyclopedia/memphis-sanitation-workers-strike.

25 Autodidact 17, "Dr. Martin Luther King Jr: 'I fear I am integrating my people into a burning house,'" New York Amsterdam News, January 12, 2017, http://amsterdamnews.com/news/2017/jan/12/dr-martin-luther-king-jr-i-fear-i-am-integrating-m/.

26 "Portland Housing Startup Snags $2M from Angels," Portland Business Journal,December 7, 2018.

## 第四章

1 Daniel, interview with Marjorie Kelly, October 8, 2017. Step Up requested his last name be withheld.

2 Walter Wright, Kathryn W. Hexter, and Nick Downer, "Cleveland's Greater University Circle Initiative: An Anchor-Based Strategy for Change," The Democracy Collaborative,May 2016, 11, https://democracycollaborative.org/greater-university-circle-initiative.

3 "2017 Annual Report," Publications, University Hospitals, accessed on February 12, 2019, https://www.uhhospitals.org/about-uh/publications/corporate-publications/annual-report.

4 Cleveland Clinic 2017 operating revenue $8.4 billion; Meg Bryant, "Cleveland Clinic 2017 Operating Income, Revenue Bounce Back," Health Care Drive, March 1, 2018,https://www.healthcaredive.com/news/cleveland-clinic-2017-operating-income-revenue-bounce-back/518134/. University Hospitals 2017 revenue $3.9 billion; "2017 Annual Report," University Hospitals. Case Western Reserve University (CWRU) 2017 revenue $1 billion; "2016/2017 Annual Report," CWRU, https://case.edu/behindthestory/images/CWRU-Annual-Report-2017.pdf.

5 Alexander Kent and Thomas Frolich of 24/7 Wall St., "The 9 Most Segregated Cities in America," Huffington Post, Aug. 27, 2015, https://www.huffingtonpost.com/entry/the-9-most-segregated-cities-in-america_us_55df53e9e4b0e7117ba92d7f.

6 J. Mark Souther, "Acropolis of the Middle-West: Decay, Renewal, and Boosterism in Cleveland's University Circle," Journal of Planning History, 10(1), January 11, 2011,https://journals.sagepub.com/doi/abs/10.1177/1538513210391892.

7 Wright, Hexter, and Downer, "Cleveland's Greater University Circle Initiative," 11.

8 Wright, Hexter, and Downer, "Cleveland's Greater University Circle Initiative," 12.

9 Brandon Terry, "A Revolution in Values," essay in "Fifty Years Since MLK," Boston Review, 2017, 62.

10 Cleveland's Greater University Circle Initiative: Building a 21st Century City through the Power of Anchor Institution Collaboration, (Cleveland, OH: Cleveland Foundation, 2013), 39, http://www.clevelandfoundation.org/wp-content/uploads/2014/01/.

11 Walter Wright, "Greater University Circle Major Accomplishments, 2011–2014,"handout, Cleveland State University. Also see Wright, Hexter, and Downer, "Cleveland's Greater University Circle Initiative," 12.

12 John McMicken, email to Ted Howard, January 7, 2019.

13 John McMicken, email to Ted Howard, January 5, 2019.

14 McMicken, email to Howard, January 5, 2019.

15 Healthcare Anchor Network website, Oct. 15, 2018, https://www.healthcareanchor.network.

16 "Anchor Collaborative Network," The Democracy Collaborative, accessed February 12, 2019, http://www.anchorcollabs.org/. "High Education Anchor Mission Initiative," The Democracy Collaborative, accessed March 17, 2019, http://anchors.democracycollaborative.org.

17 Karl Polanyi, The Great Transformation: The Political and Economic Origins of Our Time (Boston: Beacon Press, 1960; originally published 1944).

18 See for example, Randy Oostra, "Embracing an Anchor Mission: ProMedica's All-In Strategy," The Democracy Collaborative, May 21, 2018, https://democracycollaborative.org/content/embracing-anchor-mission-promedica-s-all-strategy.

19 Tyler Norris and Ted Howard, Can Hospitals Heal America's Communities?(Washington, DC: The Democracy Collaborative, December 2015), 12, https://democracycollaborative.org/content/can-hospitals-heal-americas-communities-0. "Gross Domestic Product by Industry: Second Quarter 2018," Bureau of Economic Analysis, November 1, 2018, 10–11, https://www.bea.gov/system/files/2018-10/gdpind218_1.pdf. Spending by nonprofit hospitals, colleges, and universities at 8.7 percent of GDP is measured by value added.

20 Kim Shelnik and Staci Wampler, interview with Marjorie Kelly, October 8, 2017.

21 Marjorie Kelly, visit to Step Up class, October 9, 2017.

22 Shelnik and Wampler, interview with Kelly. Kim Shelnik, email to Marjorie Kelly,December 20, 2018.

23 Staci Wampler, email to Marjorie Kelly, December 20, 2018.

24 These financial facts are drawn from the annual financial statements of the publicly traded company in question. We have chosen not to reveal the name of this company,which is a prominent employer in the small city of Cleveland.

25 Alex Berenson, The Number: How the Drive for Quarterly Earnings Corrupted Wall Street and Corporate America (New York: Random House, 2003), xxviii.

## 第五章

1 Data on home care aide workforce composition from Jay Cassano, "Inside America's Largest Worker-Run Business," Fast Company, September 8, 2015.

2 Octaviea Martin quotes from Corinne H. Rieder, Clara Miller, and Jodi M. Sturgeon,"Too Few Good Jobs? Make Bad Jobs Better," Huffington Post, Dec. 9, 2012,https://www.huffingtonpost.com/corinne-h-rieder/make-bad-jobs-better_b_1953051.html. Octaviea no longer works at CHCA; after taking medical leave, she chose not to return, according to CHCA President Adria Powell, in an interview with Marjorie Kelly, January 2, 2019.

3 CHCA turnover rate of 20–25 percent cited in Marjorie Kelly interview with Michael Elsas, May 25, 2017. Data on industry turnover rate of 66 percent cited in Carlo Calma, "The Big-Picture Strategy to Combatting Caregiver Turnover," Home Health Care News, July 30, 2017, https://homehealthcarenews.com/2017/07/the-big-picture-strategy-to-combatting-caregiver-turnover/.

4 CHCA, "B Impact Report: Cooperative Home Care Associates (CHCA)," [Best for Overall 2017, Best for Workers 2017, Best for Community 2017, Best for Changemakers 2017], Cooperative Home Care Associates, Certified B Corporation, https://bcorporation.net/directory/cooperative-home-care-associates-chca.

5 Ruth Glasser and Jeremy Brecher, We Are the Roots: The Organizational Culture of a Home Care Cooperative (Davis, CA: Center for Cooperatives, University of California,2002), ix.

6 Jack Ewing, "Wages Are Rising in Europe. But Economists are Puzzled," New York Times, July 27, 2018.

7 Ewing, "Wages Rising in Europe."

8 Michael Elsas, interview with Marjorie Kelly, May 25, 2017.

9 Caroline Lewis, "The Nation's Largest Worker-Owned Business Is No Longer Just an Experiment in Social Justice," Crain's New York Business, January 31, 2017.

10 Adria Powell quote from Lewis, "No Longer Experiment in Social Justice." Quote by Elsas from interview with Kelly, May 25, 2017. CEO pay multiple from Lawrence Mishel and Jessica Schieder, "CEO Pay Remains High Relative to the Pay of Typical Workers and High-Wage Earners," Economic Policy Institute, July 20, 2017, https://www.epi.org/publication/ceo-pay-remains-high-relative-to-the-pay-of-typical-workers-and-high-wage-earners/.

11 Elsas, interview with Kelly.

12 Glasser and Brecher, We Are the Roots, 4. Elsas, interview with Kelly.

13 Anne Inserra, Maureen Conway, and John Rodat, "The Cooperative Home Care Associates, Sectoral Employment Development Learning Project," Aspen Institute Economic Opportunities Program, Washington, DC, February 2002, 18–19.

14 Adria Powell, interview with Marjorie Kelly, January 2, 2019.

15 Glasser and Brecher, We Are the Roots, 9.

16 Glasser and Brecher, We Are the Roots, 84.

17 Inserra, Conway, and Rodat, "Cooperative Home Care Associates," 38.

18 Inserra, Conway, and Rodat," Cooperative Home Care Associates," 23.

19 Charlie Sabatino and Caroleigh Newman, "The New Status of Home Care Workers Under the Fair Labor Standards Act," Bifocal: A Journal of the Commission on Law and Aging, American Bar Association 36, 6 ( July–August 2015), https://www.americanbar.org/content/dam/aba/publications/bifocal/BIFOCALJuly-August2015.pdf.

20 Powell, interview with Kelly. Rick Surpin, emails to Marjorie Kelly, December 20,2018, January 28, 2019, January 29, 2019.

21 Chris Farrell, "Could This Idea Help Fix America's Shortage of Home Care Workers?"Forbes, August 15, 2017.

22 David Hammer of ICA Group, interview with Marjorie Kelly, July 8, 2017. Amy Baxter, "AARP Foundation Funds Project to Explore Home Care Cooperative Sustainability," Home Health Care News, March 22, 2017. Home Care Cooperative Initiative, website of Cooperative Development Foundation, accessed February 12,2019, http://seniors.coop/.

23 Eduardo Porter, "Home Health Care: Shouldn't It Be Work Worth Doing?" New York Times, August 29, 2017. Hammer, interview with Kelly.

24 "Investor Relations: Financing America's Electric Cooperatives," National Rural Utilities Cooperative Finance Corporation, accessed February 12, 2019, https://www.nrucfc.coop/content/nrucfc/en/investor-relations.html.

25 Tim McMahon, "Current U-6 Unemployment Rate," UnemploymentData.com,January 4, 2019, https://unemploymentdata.com/current-u6-unemployment-rate/.Charles Jeszeck, "Contingent Workforce: Size, Characteristics, Earnings, and Benefits,"US Government Accountability Office, May 2015.

26 GAO, "Contingent Workforce: Size, Characteristics, Earnings, and Benefits," US Government Accountability Office, April 20, 2015, https://www.gao.gov/assets/670/669766.pdf.

27 Research by economists Thomas Piketty, Emmanuel Saez, and Gabriel Zucman,reported by Patricia Cohen, "A Bigger Economic Pie, but a Smaller Slice for Half of the U.S.," New York Times, December 6, 2016.

28 Nick Hanauer, "Stock Buybacks Are Killing the American Economy," Atlantic, February 5, 2015.

29 Data source US Department of Commerce, Bureau of Economic Analysis combined charts (Gross Domestic Product; Gross

Domestic Income: Compensation of Employees,Paid: Wages and Salaries; Corporate Profits after Tax [without IVA and CCAdj]),retrieved from FRED, Federal Reserve Bank of St. Louis, February 25, 2019, https://myf.red/g/n0s9. Recreating and updating chart done by Derek Thompson, "CorporateProfits Are Eating the Economy," Atlantic, March 4, 2013, http://www.theatlantic.com/business/archive/2013/03/corporate-profits-are-eating-the-economy/273687/.

30 Derek Thompson, "A World Without Work," Atlantic, July/August 2015.

31 Thomas Paine, "The Rights of Man," in Paine: Collected Writings (New York: Library of America, 1995), 465.

32 E. F. Schumacher, "Buddhist Economics," in Small Is Beautiful: Economics as If People Mattered (Vancouver, BC: Hartley and Marks Publishers, 1999 [copyright 1973]), 38.

33 Schumacher, "Buddhist Economics,"38–39.

34 Glasser and Brecher, We Are the Roots, 98–99.

35 Glasser and Brecher, We Are the Roots, 102.

36 Ronnie Galvin, "Confronting Our Common Enemy: Elite White Male Supremacy,"Medium, February 4, 2017, https://medium.com/@ronniegalvin/confronting-our-common-enemy-6f923f74cb3b.

37 Powell, interview with Kelly.

38 Powell, interview with Kelly.

39 Powell, interview with Kelly.

40 Powell, interview with Kelly.

## 第六章

1 Robert Heilbroner, The Limits of American Capitalism (New York: Harper and Row,1965).

2 Mike Chanov, interview with Marjorie Kelly and Erin Kesler, March 2, 2017.

3 Jay Apperson, "Power Company to Pay $1 Million Penalty, Perform $1 Million in Environmental Projects, Upgrade Water Pollution-Prevention Technology,"Department of the Environment, Maryland.gov, https://news.maryland.gov/mde/2016/08/29/power-company-to-pay-1-million-penalty-perform-1-million-in-environmental-projects-upgrade-water-pollution-prevention-technology/.

4 Loren Jensen, interview with Marjorie Kelly, April 25, 2017.

5 William Rue, interview with Marjorie Kelly, March 2, 2017.

6 Ian MacFarlane and Peter Ney, interview with Marjorie Kelly, December 2, 2016.

7 "Peter Ney Recognized as a Top Chief Financial Officer by Baltimore Business Journal,"press release, EA in the News, EA Engineering, April 21, 2015, https://eaest.com/articles_news/2015_04_21_Ney_Top_CFO.php.

8 MacFarlane and Ney, December 2, 2016.

9 David Kiron, Nina Kruschwitz, Holger Rubel, Martin Reeves, and Sonja-Katrin Fuisz-Kehrbach, "Sustainability's Next Frontier: Walking the Talk on the Sustainability Issues That Matter the Most," The MIT Sloan Management Review, December 16, 2013, https://sloanreview.mit.edu/projects/sustainabilitys-next-frontier/.

10 Carina Millstone, Frugal Value (New York: Routledge, 2017), 135–145, 147–162.

11 Bill Rue, email to Marjorie Kelly, September 18, 2018.

12 Dan Fagin, Toms River (Washington, DC: Island Press, 2013), 13, 131–132, 138.

13 Fagin, Toms River, 145, 154, 155, 189.

14 Fagin, Toms River, 223.

15 Franklin Roosevelt, campaign address at Chicago, October 14, 1936.

16 "The Servant as Leader," Robert K. Greenleaf Center for Servant Leadership, website,accessed October 2, 2018, https://www.greenleaf.org/what-is-servant-leadership/.

17 "Laws, Mandates, and Ordinances Requiring LEED," Everblue, April 5, 2018, www.everbluetraining.com/blog/laws-mandates-and-ordinances-requiring-leed.

18 Joseph Blasi and Douglas Kruse, "Small Business Owners Are Getting a New Incentive to Sell to Their Employees," The Conversation, August 15, 2018, https://theconversation.com/small-business-owners-are-getting-a-new-incentive-to-sell-to-their-employees-101515.

19 NCEO, Employee Ownership and Economic Well-Being (Oakland, CA: National Center for Employee Ownership, May 15, 2017), https://www.ownershipeconomy.org/.

20 "Small Business Closure Crisis," Project Equity, accessed October 6, 2018, https://www.project-equity.org/communities/small-business-closure-crisis/.

21 Fifty by Fifty, accessed February 16, 2019, https://www.fiftybyfifty.org/.

22 Ian MacFarlane, interview with Marjorie Kelly, September 27, 2018.

## 第七章

1 Winona LaDuke, All Our Relations: Native Struggles for Land and Life (Chicago:Haymarket Books, 1999), 199. Proposed amendment to US Constitution by Walt Bresette et al., "Seventh Generation Amendment," Anishinaabe Niijii flyer, Bayfield,WI, March 1996.

2 Carla Santos Skandier, interview with Marjorie Kelly, October 8, 2018.

3 Climate Breakthrough Project, "Big Strategies. Talented Leaders. Global Impact,"accessed February 16, 2019, https://www.climatebreakthroughproject.org/.

4 David Roberts, "This Graphic Explains Why 2 Degrees of Global Warming Will Be Way Worse than 1.5," Vox, October 7, 2018, https://www.vox.com/energy-and-environment/2018/1/19/16908402/global-warming-2-degrees-climate-change.

5 Reed Landberg, Chisaki Watanabe, and Heesu Lee, "Climate Crisis Spurs UN Call for $2.4 Trillion Fossil Fuel Shift," Bloomberg, October 7, 2018. Chris Mooney and Brady Dennis, "The World Has Just Over a Decade to Get Climate Change Under Control, U.N. Scientists Say," Washington Post, October 7, 2018.

6 Landberg et al., "Climate Crisis Spurs Call."

7 "Despite the Paris Agreement, Governments Still Give Billions in Fossil Fuel Finance Each Year," Oil Change International, November 2017, https://priceofoil.org/content/uploads/2017/11/SFF_COP23_infographic.pdf.

8 Andrew Bary, "Exxon Mobil Is a Bet on the Future of Oil," Barron's, May 5, 2018, https://www.barrons.com/articles/exxon-mobil-is-a-bet-on-the-future-of-oil-1525482562.

9 Bill McKibben, "Global Warming's Terrifying New Math," Rolling Stone, July 19, 2012.

10 Kate Aranoff, "With a Green New Deal, Here's What the World Could Look Like for the Next Generation," The Intercept, December 5, 2018, https://theintercept.com/2018/12/05/green-new-deal-proposal-impacts/.

11 Editorial Board, "Wake Up World Leaders. The Alarm Is Deafening," Opinion, New York Times, October 9, 2018.

12 Suzanne Goldenberg, "Tea Party Climate Change Deniers Funded by BP and Other Major Polluters," The Guardian, October

24, 2010. John Cushman Jr., "Harvard Study Finds Exxon Misled Public about Climate Change," Inside Climate News,August 22, 2017, https://insideclimatenews.org/news/22082017/study-confirms-exxon-misled-public-about-climate-change-authors-say; "Koch Industries: Secretly Funding the Climate Denial Machine," Greenpeace, accessed October 14, 2018,https://www.greenpeace.org/usa/global-warming/climate-deniers/koch-industries/.

13 Bill McKibben, "Up Against Big Oil in the Midterms," New York Times, November 7,2018.

14 McKibben, "Up Against Big Oil."

15 Gar Alperovitz, Joe Guinan, and Thomas M. Hanna, "The Policy Weapon Climate Activists Need," The Nation, April 26, 2017. Jeff Cox, "$12 Trillion of QE and the Lowest Rates in 5,000 Years ... for This?" CNBC Finance, June 13, 2016.

16 Alexander Barkawi, "Why Monetary Policy Should Be Green," Financial Times, May 18, 2017. Jack Ewing, "Europeans Fear a Global Slump," New York Times, March 8,2019.

17 Marc Labonte, Monetary Policy and the Federal Reserve: Current Policy and Conditions(Washington, DC: Congressional Research Service, Jan. 28, 2016).

18 Ben Bernanke, interview with CBS News, December 2010, quoted in Ann Pettifor,Just Money: How Society Can Break the Despotic Power of Finance (London: Commonwealth,2014).

19 Pierre Monin and Alexander Barkawi, "Monetary Policy and Green Financing: Exploring the Links," chapter 7 in Greening China's Financial System (Canada: International- 141 -Institute for Sustainable Development, 2015), https://www.iisd.org/library/greening-chinas-financial-system. Richard Murphy and Colin Hines, Green QuantitativeEasing: Paying for the Economy We Need (Norfolk, UK: Finance for the Future, 2010),https://www.financeforthefuture.com/GreenQuEasing.pdf.

20 Barkawi, "Monetary Policy Should Go Green."

21 Market value, "The World's Largest Public Companies," Forbes, 2018, https://www.forbes.com/global2000/list/.

22 Alperovitz, Guinan, and Hanna, "Policy Weapon Activists Need."

23 Aldo Leopold, A Sand County Almanac (New York: Oxford University Press, 1966), x.

24 Leopold, Sand County Almanac, 219–220.

25 Leopold, Sand County Almanac, 230.

26 Julian Brave NoiseCat, "The Western Idea of Private Property Is Flawed. Indigenous Peoples Have It Right," The Guardian, March 27, 2017.

27 BBC News, “India’s Ganges and Yumana Rivers Are ‘Not Living Entities,’ BBC News,July 7, 2017, https://www.bbc.com/news/world-asia-india-40537701.

28 SeventhFireBlog, “Unto the Seventh Generation,” People of the Seventh Fire,accessed January 3, 2019, https://seventhfireblog.wordpress.com/2017/03/05/unto-the-seventh-generation/.

29 Alperovitz, Guinan, and Hanna, “Policy Weapon Activists Need.”

30 Mark Carney, governor of the Bank of England, chairman of the Financial Stability Board, “Breaking the Tragedy of the Horizon—Climate Change and Financial Stability,” speech to Lloyd’s of London, September 29, 2015, https://www.fsb.org/wp-content/uploads/Breaking-the-Tragedy-of-the-Horizon-%E2%80%93-climatechange-and-financial-stability.pdf.

31 Adam Vaughn, “Global Demand for Fossil Fuels Will Peak in 2023, Says Thinktank,”Guardian, September 11, 2018.

32 Dominique Mosbergen, “One of America’s Oldest Coal Companies Just Filed for Bankruptcy,” Huffington Post, October 10, 2018.

33 “Energy” sector performance, Fidelity, accessed January 3, 2019, https://eresearch.fidelity.com/eresearch/markets_sectors/sectors/sectors_in_market.jhtml?tab=learn&-sector=10. “S&P 500 Historical Annual Returns,” Macrotrends, https://www.macrotrends.net/2526/sp-500-historical-annual-returns.

34 Pilita Clark, “Mark Carney Warns Investors Face ‘Huge’ Climate Change Losses,”Financial Times, September 29, 2015.

35 Gar Alperovitz, interview with Marjorie Kelly, September 13, 2018.

36 “Time to Buy Out Fossil Fuel Corporations—Gar Alperovitz on Reality Asserts Itself,” Gar Alperovitz, interview with Real News Network, April 28, 2017, https://therealnews.com/stories/galperovitz0421rai.

## 第八章

1 Matthew Brown, interview with Marjorie Kelly, October 22, 2018. Aditya Chakrabortty, “In 2011 Preston Hit Rock Bottom. Then It Took Back Control,”Guardian, January 31, 2018.

2 Brown, interview with Kelly.

3 Clifford Singer, “The Preston Model,” The Next System Project (Washington, DC: The Democracy Collaborative, September 9, 2016).

4 Matthew Brown, PowerPoint presentation to The Democracy Collaborative, October 22, 2018.

5 George Eaton, "How Preston—the UK's 'Most Improved City'—Became a Success Story for Corbynomics," New Statesman, November 1, 2018.

6 "Building the Democratic Economy, from Preston to Cleveland," Laura Flanders Show, June 24, 2018, https://therealnews.com/stories/laura-flanders-show-building-the-democratic-economy-from-preston-to-cleveland%E2%80%8B.

7 "Preston, Jeremy Corbyn's Model Town: How One City Became an Unlikely Laboratory for Corbynomics," Economist, October 19, 2017.

8 Labour Party, "For the Many Not the Few," Labour Party Manifesto 2017, https://labour.org.uk/wp-content/uploads/2017/10/labour-manifesto-2017.pdf.

9 Kate Aranoff, "Is Nationalization an Answer to Climate Change?" Intercept, September 8, 2018, https://theintercept.com/2018/09/08/jeremy-corbyn-labour-climate-change/. Eaton, "How Preston Became Success Story."

10 Peter Walker and Jessica Elgot, "Corbyn Defies Doubters as Labour Gains Seats,"Guardian, June 9, 2017, https://www.theguardian.com/politics/2017/jun/09/jeremy-corbyn-labour-defies-doubters-gain-seats-election-2017.

11 Christine Berry, Towards a People's Banking System: New Thinking for the British Economy(Commonwealth Publishing, 2018), http://commonwealth-publishing.com/shop/new-thinking-for-the-british-economy/. Natalya Naqvi, "Labour's Investment Bank Plan Could Help Fix Our Damaging Financial System," New Statesman, May 17,2017.

12 Laura Flanders, "In the Age of Disaster Capitalism, Is 'Survival Socialism' the Solution?"Nation, July 19, 2018. Hazel Sheffield, "The Preston Model: UK Takes Lessons in Recovery from Rust-Belt Cleveland," Guardian, April 11, 2017.

13 Lawrence White and Andrew MacAskill, "British Banks Set to Close Record 762 Branches This Year," Reuters, August 23, 2017, https://uk.reuters.com/article/uk-britain-banks-branches-idUKKCN1B31AY.

14 Brown, interview with Kelly. "Sparkassen Savings Banks in Germany," Centre for Public Impact, March 27, 2017, https://www.centreforpublicimpact.org/case-study/sparkassen-savings-banks-germany/.

15 Tony Greenham, "Everyone a Banker? Welcome to the New Co-operative Banking Movement," RSA, June 30, 2017.

16 Jules Peck, "Building a Bank That Puts People before Profit," Business West, February 20, 2018, https://www.businesswest.co.uk/blog/building-bank-puts-people-profit.

17 Natalya Naqvi, "Labour's Investment Bank Plan Could Help Fix Our Damaging Financial System," New Statesman, May 17, 2017.

18 Legislative initiatives, Public Banking Institute, accessed November 6, 2018, https://www.publicbankinginstitute.org/legislative.

19 Jane Jacobs, The Death and Life of Great American Cities (New York: Random House,1961), 4.

20 Jane Jacobs, The Nature of Economies (New York: Random House, 2000).

21 Kevin Phillips, American Theocracy: The Peril and Politics of Radical Religion, Oil, and Borrowed Money in the 21st Century (New York: Viking Penguin, 2006), 265–268.

22 Phillips, American Theocracy, 265–268.

23 Analysis by Howard Reed, Director Landman Economics, UK, for The Democracy Collaborative. Data source: UK Office for National Statistics, "United Kingdom National Accounts: The Blue Book 2018."

24 Marjorie Kelly, "Overload," chap. 4 in Owning Our Future: The Emerging Ownership Revolution (San Francisco: Berrett-Koehler, 2012) 65–83.

25 Howard Reed, emails to Joe Guinan and Marjorie Kelly, January 7, 2019. Data source: Office for National Statistics, UK Statistics Authority (2018).

26 Analysis Reed for The Democracy Collaborative.

27 Jon Craig, "Shadow Chancellor John McDonnell Targets Government's North-South Funding Gap," Sky News, February 4, 2017, https://news.sky.com/story/shadow-chancellor-john-mcdonnell-targets-governments-north-south-funding-gap-10755206.

28 Richard Partington, "IMF Warns Storm Clouds Are Gathering for Next Financial Crisis," Guardian, December 11, 2018. Alex Williams, "Are You Ready for the Financial Crisis of 2019?" New York Times, December 10, 2018.

29 Thomas M. Hanna, The Crisis Next Time: Planning for Public Ownership as an Alternative to Corporate Bank Bailouts (Washington, DC: The Democracy Collaborative,2018). Berry, "Toward People's Banking System.

30 Impact Entrepreneur Network, https://impactalchemist.com/?ss_source=sscampaigns &ss_campaign_id=5c33592d6d86dd0001f41537&ss_email_id=5c336567fbd67200016db664&ss_campaign_name=Live+Webinars+on+Opportunity+Zones+and+The+Clean+Money+Revolution%21&ss_campaign_sent_date=2019-01-07T14%3A42%3A47Z.

31 Jade Hemeon, "Millennials, Women Drive Trend Toward Responsible Investing,"Investment Executive, June 6, 2016, https://www.investmentexecutive.com/news/industry-news/millennials-women-drive-trend-toward-responsible-investing/.

32 Eilee Anzilotti, "This New Fund Will Help Retiring Baby Boomers Turn Their Businesses into Worker Co-ops," Fast Company, November 13, 2018.

33 Richard May, Robert Hockett, and Christopher Mackin, "Encouraging Inclusive Growth: The Employee Equity Loan Act,"

unpublished paper, presented at Beyster Symposium, Rutgers University, June 2018.

34 Brown, interview with Kelly.

## 結論

1 Donella Meadows, Leverage Points: Places to Intervene in a System (Hartland, VT:The Sustainability Institute, 1999), https://www.donellameadows.org/wp-content/userfiles/Leverage_Points.pdf.

2 Meadows, Leverage Points.

3 George Lakoff, interview with Marjorie Kelly, August 24, 2006.

4 John Schwartz, "Rockefellers, Heirs to an Oil Fortune, Will Divest Charity of Fossil Fuels," New York Times, September 21, 2014, https://www.nytimes.com/2014/09/22/us/heirs-to-an-oil-fortune-join-the-divestment-drive.html.

5 Damian Carrington, "Ireland Becomes World's First Country to Divest from Fossil Fuels," Guardian, July 12, 2018, https://www.theguardian.com/environment/2018/jul/12/ireland-becomes-worlds-first-country-to-divest-from-fossil-fuels. Bill McKibben,"A Future without Fossil Fuels," New York Review of Books, April 4, 2019.

6 AmalgamatedBank, "Move Your Money," https://www.moveyourmoney.com/.

7 Edgar Villanueva, Decolonizing Wealth (San Francisco: Berrett-Koehler, 2018),http://decolonizingwealth.com/.

8 Marjorie Kelly and Sarah Stranahan, "Next Generation Enterprise Design," Democracy Collaborative, November 7, 2018, https://medium.com/fifty-by-fifty/next-generation-enterprise-design-the-employee-owned-benefit-corporation-7b5001f8f1a8. A convening was also held April 29, 2019, bringing together employee-owned benefit corporations and B Corporations.

9 Dana Brown, "Before Big Pharma Kills Us, Maybe Public Pharma Can Save Us,"The American Prospect, Aug. 27, 2018, https://prospect.org/article/big-pharma-kills-us-maybe-public-pharma-can-save-us.

10 Gar Alperovitz, "Technological Inheritance and the Case for a Basic Income," Economic Security Project, December 16, 2016, https://medium.com/economicsecproj/technological-inheritance-and-the-case-for-a-basic-income-ded373a69c8e, Gar Alperovitz and Lew Daly, Unjust Desserts: How the Rich are Taking Our Common Inheritance and Why We Should Take It Back (New York: New Press, 2008), https://www.garalperovitz.com/unjust-deserts/.

11 Meadows, Leverage Points.

・綠蠹魚 YLP37

# 民主式經濟的誕生

## 終結經濟榨取，解構勞資框架，創造繁榮永續的共好新生活

---

・作　　者　瑪喬麗・凱莉（Marjorie Kelly），泰德・霍華德（Ted Howard）
・譯　　者　楊理然
・特約編輯　陳琡分
・封面設計　萬勝安
・內頁排版　A.J.
・行銷企畫　沈嘉悅
・副總編輯　鄭雪如

・發 行 人　王榮文
・出版發行　遠流出版事業股份有限公司
100 臺北市南昌路二段 81 號 6 樓
電話 (02)2392-6899
傳真 (02)2392-6658
郵撥 0189456-1

著作權顧問　蕭雄淋律師

2019 年 12 月 1 日 初版一刷
售價新台幣 380 元（如有缺頁或破損，請寄回更換）



ISBN 978-957-32-8673-8



遠流博識網 www.ylib.com　E-mail: ylib@ylib.com
遠流粉絲團 www.facebook.com/ylibfans

---

國家圖書館出版品預行編目 (CIP) 資料

民主式經濟的誕生：終結經濟榨取，解構勞資框架，創造繁榮永續的共好新生活 /
瑪喬麗．凱莉 (Marjorie Kelly), 泰德．霍華德 (Ted Howard) 著；楊理然譯．
-- 初版．-- 臺北市：遠流，2019.12 320 面；14.8×21 公分．--（綠蠹魚；YLP37）
譯自：The making of a democratic economy : building prosperity for the many, not just the few
ISBN 978-957-32-8673-8( 平裝 )
1. 經濟理論 2. 混合式經濟 3. 平等

550.1　　108017492